Impressum:

Copyright © 2016 GRIN Verlag, Open Publishing GmbH
Druck und Bindung: Books on Demand GmbH, Norderstedt Germany
ISBN: 9783668302150

Dieses Buch bei GRIN:

http://www.grin.com/de/e-book/340563/koerpersoziologie-ein-ueberblick-ueber-
wichtige-werke

Verena Fendl

Körpersoziologie. Ein Überblick über wichtige Werke

Körpersoziologisches I. Soziologie, Geschichte, Gender

GRIN Verlag

Inhalt

<u>**Grundlagenerklärung: Körpersoziologisches I – Soziologie**</u>

<u>**Aufsatz von Schroer Markus (2005a): Zur Soziologie des Körpers. In: ders.(Hg.): Soziologie des Körpers. Frankfurt a. M.: Suhrkamp,** Seite 7-26</u>

<u>1. Die Soziologie entdeckt den Körper</u>
Die Geschichte des Faches gibt schnell darüber Aufschluss, dass der Körper bisher nicht im Mittelpunkt soziologischer Aufmerksamkeit gestanden hat. Es war nie ein zentrales, aber auch kein völlig vernachlässigtes Thema (siehe Spurensuche bei den Klassikern im Buch Gugutzer).

Spätestens aber mit Goffman, Bourdieu und Foucault wurde der Vernachlässigung des Körpers ein Ende gesetzt. Seit 2004 liegt endlich auch die erste Einführung in die Soziologie des Körpers von Gugutzer vor.

Der „Kult um den Körper" hat Konjunktur. Von Schönheitsoperationen über Tätowierungen - bis hin zu radikalen Körpermodifizierungen wird immer wieder über die Möglichkeit körperlicher Veränderungen berichtet.

Der Körper gehört in der Soziologie innerhalb der Handlungstheorie abgehandelt. Der Körper und Leib sind zentrale Gegebenheiten und Konstrukte. Ihre Analyse trägt zur Antwort auf die soziologische Kernfrage bei, wie Sozialität und Gesellschaft konstituiert werden.

Warum wurde der Körper bisher in der Soziologie benachteiligt?

<u>2. Gründe für die Randständigkeit des Körpers in der Soziologie</u>
Vier Gründe:
1. Das Bemühen der Soziologie um Autonomie: die Soziologie distanziert sich beispielsweise von der Biologie. Soziales kann nur aus Sozialem erklärt werden. Dagegen findet dort, wo Sozialwissenschaft als Menschenwissenschaft betrieben wird und andere Wissenschaften mit eingeschlossen werden, der Körper wie selbstverständlich Berücksichtigung – siehe Arbeiten von Elias, Foucault und Bourdieu, denen es nicht um eine enge Abgrenzung, sondern um fruchtbare Zusammenführung geht. Also: Öffnung der Soziologie zu anderen Disziplinen.
2. Die Soziologie neigt zu der Annahme, dass sich Gesellschaft vor allem in den Köpfen ihrer Mitglieder abspielt (Dominanz des cartesianischen Denkens). Sie folgt der Tradition: "Gesellschaft ist in unserem Bewusstsein, nicht in unseren Körpern." Der Geist herrscht über die Materie oder die Vernunft über die Sinne. Nach dieser Auffassung sind unsere Körper die willenlosen Diener der moralischen und intellektuellen Ordnung – kurz: wir sollen uns disziplinieren.
3. Der Körper verliert im Weg zur Moderne immer mehr an Bedeutung und man weist ihm das Reservat Sport zu. Durch den technischen Fortschritt (Industrialisierung) wird der Körper in den Hintergrund gedrängt. Harte körperliche Arbeit wird in den Industrienationen immer seltener. Damit wird der Körper freigesetzt für andere Betätigungen. Statt der Arbeit mit dem Körper haben wir es heute verstärkt mit der Arbeit *am Körper* zu tun, was die Rückkehr des Körpers in der Soziologie auch außerhalb des Sports erklärt.
4. Der Körper wurde in der Soziologie, die sich auf die Erklärung des sozialen Wandels konzentrierte, deshalb in den Überlegungen nicht mit einbezogen, weil dieser als unveränderliche Gegebenheit galt. Dass sich der Körper, außer in Ausnahmefällen wie

Krankheit, nicht bemerkbar macht ist zu bezweifeln: Bsp.: man wird rot bei Verlegenheit, man legt am Abend die schmerzenden Beine hoch, der Magen knurrt laut usw. Es gibt jeden Tag eine Fülle von Situationen, in denen sich der Körper bemerkbar macht, i. d. R. als Widerstand, als Störfaktor, man kann den Körper nicht vollständig kontrollieren.

3. Auslösende Faktoren für eine Thematisierung des Körpers

Dass der Körper in den Fokus soziologischer Aufmerksamkeit gerät hat

1. mit einer neuen Offenheit der Soziologie gegenüber anderen Fächern zu tun
2. mit der Kritik am cartesianischen Denken und
3. dass wir auf unseren Körper trotz allgemeinem Fortschritt, die Ausweitung der Technik und weitgehend körperlose Form der Arbeit nicht verzichten können.

Die Abschiebung des Körpers in Bereiche von Sport und Medizin sind nicht mehr länger plausibel. Der Körper ist in der Semantik immer präsent: Bsp.: ein Stein vom Herzen fallen, die Daumen drücken, usw. Aber der wichtigste Faktor für die Thematisierung des Körpers in der Soziologie ist wohl der **Individualisierungsprozess.**

4. Zur Individualisierung des Körpers – zwischen Selbstgestaltung und Fremdbestimmung

Die Individualisierung ist ein historischer Prozess, der zu Beginn der Renaissance einsetzt. Gesundheit erscheint nicht länger als göttliche Gabe, sondern durch individuelle Lebensführung erlangbares Gut. Dies hatte zur Folge, dass der Körper eine Aufwertung erfuhr.

War der Körper in der soziologischen Theorie lange Zeit über nur als unterdrückter, kontrollierter und disziplinierter Körper anwesend, so haben wir es nun mit einem sich seiner selbst annehmenden Körper zu tun, der nicht mehr nur als Opfer, sondern auch als Initiator gesellschaftlicher Prozesse auftritt. Also auch der Körper ist an gesellschaftlicher Veränderung beteiligt.

Wichtig beim Individualisierungsprozess ist auch die Geschichte der Disziplinierung des Körpers (Foucault) = negative Individualisierung. Es passiert eine lückenlose Erfassung des Individuums zwecks seiner besseren Kontrolle und Überwachung (auch heute biometrische Verfahren zur einwandfreien Identifizierung des Körpers).
Aber der leidende und bedrohte Körper ist keineswegs durch einen befreiten und erlösten Körper abgelöst worden. Individualisierung hat nicht mit Freiheitszuwachs zu tun, sondern mit einem Wandel der für ihn verantwortlichen Kontrollinstanzen. Der Übergang von der Fremd- zur Selbstkontrolle ist vor allem am Umgang mit dem Körper ablesbar. Dabei geraten die Individuen in die paradoxe Situation zugleich Subjekt und Objekt der Kontrolle und Überwachung zu sein.

Der Körper – ein unvollendetes Projekt?

Individualisierung heißt eine Biographie zu gestalten und darunter gehört auch, dass der Körper nicht einfach als Faktum hinzunehmen ist, sondern dass der Körper gestaltet werden kann. Die Verantwortung für die Entwicklung des Körpers und sein äußeres Erscheinungsbild liegt in den Händen des Besitzers (Giddens 1993). Rund um das Thema Gesundheit, Fitness und Wellness ist ein großer Markt entstanden, ein Körperboom. Den Körper als Besitz gilt es zu bewahren, zu schonen und zu pflegen. Das Bewusstsein über einen eigenen Körper ist im Laufe der Jahrhunderte entstanden, Bsp. der Sklave hatte kein Recht auf seinen Körper.

Die Verfügungsgewalt über unseren Körper wird aber auch von der gesellschaftlichen Norm durchdrungen und damit wird die eigenen Entscheidungsgewalt beeinflusst.

Das Individuum weiß, dass es auf die Gestaltung und Veränderungsmöglichkeit von politischen und wirtschaftlichen Verhältnissen wenig Einfluss hat. Insofern gilt der Körper als letzter Fluchtpunkt einer möglichen Beeinflussung bzw. Veränderung. Er hat den Vorteil, dass an ihm die Anstrengungen und Investitionen für jedermann (und für einen selbst) sichtbar sind. Deshalb gilt der Körper als Ausweis „persönlicher Identität: dieser Körper ist der meine und nicht der des anderen, ich bin genau dieses Individuum, das sich durch seine körperliche Verpackung auszeichnet". Somit erscheint der Körper geradezu als „Garant unserer Individualität".

6. „Was sich nicht wegkommunizieren lässt": Der Körper als Kontingenzbewältiger, Realitätsanker und Garant des Konkreten

„Wo auch immer ein Individuum befindet und wohin auch immer es geht, es muss seinen Körper dabeihaben" (Goffman 1994). Der Raum ebenso wie der Körper sind also unausweichlich. Sie gehören zu den Dingen, die sich nicht wegkommunizieren lassen. Der Körper ist es, der in einem individualisierten Leben für einen Rest von Verlässlichkeit sorgt. Wenn alle gehen (Frauen, Kinder, Freunde, Kollegen), der Körper bleibt. Der Körper gilt als greifbarster Beweis für das Reale.

Trotz dieser Zurechnung aber – der Körper als Realitätsgarantie, Kontingenzbewältiger und Ausweis des Konkreten – unterliegt selbstverständlich auch der Körper den Kontingenzen und Uneindeutigkeiten, wird auch er zu etwas gerade nicht mehr Selbstverständlichem, unterliegt auch er der Auflösungsdynamik der Moderne. Wenn aber der Körper selbst den Verflüssigungstendenzen unterliegt, dann gilt es zu fragen, was wir eigentlich unter Körper noch verstehen wollen.

7. Worüber reden wir, wenn wir vom Körper reden, oder: Was ist der Körper?

Jeder materielle Gegenstand ist Körper – Verweis auf Duden – Raum wie Körper sind nach außen hin geschlossen und können aufgefüllt werden – eine abgeschlossenen Einheit gegenüber seiner Umwelt – im antiken Griechenland gab es keinen Begriff für den Körper als ganzes – usw.
Antwort: Der Körper ist das, was in den verschiedenen Zeitaltern, Gesellschaften und Kulturen darunter verstanden wurde und wird.

Insofern lauten die Fragen, mit denen sich eine Soziologie des Körpers zu beschäftigen hätte:
Auf welche Weise wird er Körper sozial und kulturell konstruiert?
Wie wird über ihn kommuniziert?
Wie und von wem wird er beobachtet?
Welche Unterschiede gibt es dabei im zeitlichen und kulturellen Vergleich festzustellen?
Welche Bedingungen müssen gegeben sein, damit der Körper Aufmerksamkeit erlangt?
Welche Funktion erfüllt die Rede über den Körper?
Was sagt eine Körperorientierung bzw. –vernachlässigung über die jeweilige Gesellschaft aus?
Die ontologische Fragestellung *Was ist der Körper?* Läuft dagegen Gefahr, zu einer Substantialisierung und Essentialisierung des Körpers beizutragen (Gugutzer 2004, S. 153), mit der

die Einsicht untergraben zu werden droht, dass es den Körper jenseits seiner kulturellen und sozialen Modellierungen gar nicht gibt.

Gehen und Schwimmen ist das Ergebnis kultureller Techniken, die sich im Menschen eingeschrieben haben. Der Körper bringt wenig natürliche Voraussetzungen mit, alles muss erlernt werden, Bsp. Musikinstrument, oder SMS schreiben von Jugendlichen oder alten Menschen.

Also: Der Körper befindet sich in der zwiespältigen Rolle, zugleich Quelle des Widerstands als auch Instrument beim Erlernen neuer Fertigkeiten zu sein.

Aufsatz von Paula-Irne Villa: Körper
In: Naur, Nina / Korte, Hermann / Löw, Martina / Schroer, Markus (Hg): Handbuch Soziologie. Wiesbaden: VS, Seite 201 - 218

Die Soziologie befasst sich mit Menschen in sozialen Konstellationen, seien es Gruppen, historisch gewordene Verhältnisse, Organisationen, Institutionen, Familien oder was auch immer unter einer „sozialen Tatsache" (Durkheim) verstanden wird. Dabei ist auffällig, dass der Mensch (aus Fleisch und Blut) an sich, dabei wenig Beachtung findet.

1. Sein und Haben: Körper und Leib
Barbara Duden: wenn von „Körper" die Rede ist, wird einmal ein definierbares Objekt und die sozial erwünschte Vorstellung damit gemeint und ein anderes mal wird die Selbstwahrnehmung damit gemeint.
Anders gesagt: Am und im Körper, auch im Reden über und mit dem Körper, fließen soziale Deutungen einerseits und subjektives, individuelles Leben andererseits zusammen.
Hier kommt die Anthropologie Plessners und die (Leib-)Phänomenologie zu Hilfe.
Plessner charakterisiert den Menschen als ein Wesen, das „exzentrisch" und „zentrisch" zugleich ist und meint damit, dass wir ein reflexives Verhältnis zu uns selbst haben und damit unserer Umwelt nicht unmittelbar ausgesetzt sind (Tiere können keine reflexive Distanz zu sich und der Umwelt herstellen).

Aus diesen Perspektiven muss zwischen ‚Körper' einerseits und ‚Leib' andererseits unterschieden werden. Menschen haben nicht nur einen Körper, den sie gewissermaßen besitzen und über den sie verfügen, Menschen sind zudem ein Leib. Das meint, dass wir uns immer selber, und sei dies noch so unbewusst, spüren: es ist uns kalt, wir sind müde oder aufgeregt, der Rücken schmerzt usw.

Also: Mit dem *Körper*begriff wird die Dimension des ‚Körper-Habens' gefasst, d. h. unsere Fähigkeit, mit unserem Körper wie mit einem Gegenstand instrumentell zu handeln: uns also von ihm ein Stück weit distanzieren zu können, über ihn nachzudenken und zu beeinflussen. Der *Leib*begriff hingegen bezeichnet das unmittelbare, nicht-relativierbare innere Erleben, d. h. die affektiven Qualitäten der zentrischen Positionierung. Beides, Leib und Körper, sind beim Menschen immer verschränkt, wechselseitig konstitutiv und gleichursprünglich.

Die Soziologie hat sich schon immer auch mit dem Körper befasst, Elias, Foucault oder die Medizin- und Sportsoziologie, auch die Frauen- und Geschlechterforschung, aber nicht zentral, eher verdeckt.

Gegenwärtig ist die Körpersoziologie sowohl im deutschsprachigen Bereich wie international ein ‚boomender' Bereich der Soziologie. Manche sprechen von einem regelrechten „body turn" in den Sozialwissenschaften.

Weil: Von Sport, Diäten und Kollagen-Lifting-Hautcremes über Tatoos und Haarverlängerungen bis hin zur plastischen Chirurgie werden Körpermanipulationen diverser Art immer populärer – und womöglich zunehmend zwingender, insofern bestimmte ‚Arbeiten am Körper' zu wirkmächtigen Normen werden. So zeigen etwa die aktuellen Debatten um das Körpergewicht oder das (Nicht-)Rauchen von einem intensiven, auch politisch und ökonomisch motivierten Interesse am individuellen, offensichtlich sozial vermittelten Umgang mit dem Körper, dem sich Menschen kaum noch entziehen können.

Eine soziologische Auseinandersetzung mit dem Körper kann dazu beitragen, vermeintlich objektive Wahrheiten (wie den ‚idealen Body-Mass-Index', die ‚natürliche Sexualität', den ‚gesunden Sport' kritisch zu hinterfragen und stattdessen über deren gesellschaftliche Entstehung und Verwendung nachzudenken. Das mag nicht immer sofort zur ‚Problemlösung' beitragen, aber solche Reflexionen können vielfache Vorurteile, Hysterische Untertöne mancher Debatten und auch sträfliche Gleichgültigkeiten vermeiden helfen. (Damit könnte man die Frage beantworten, warum es soziologisch wichtig ist, sich mit dem Körper zu befassen.)

2. Hexis und Mimesis: Den relativen Eigensinn körperlicher Praxis anerkennen
Den Begriff Hexis in Anschluss an Bourdieu und den Begriff Mimesis nach Gebauer und Wulf.
Beide Perspektiven greifen den Aspekt der Verinnerlichung sozialer Ordnung auf, indem sie ihn – jedenfalls auch – als körperlichen, als somatischen Prozess betrachten. Beide Positionen betonen, dass es gerade die somatische Position von Vergesellschaftung sei, die einerseits deren Wirksamkeit garantiere und andererseits den Raum für individuellen Eigensinn biete.

Das Hauptproblem, auf das sich die Begriffe ‚Hexis' und ‚Mimesis' als vorläufige soziologische Antworten verstehen, ist: **wie genau kommt die Gesellschaft in die Menschen und wie genau eignen sich Menschen diese Gesellschaft derart an, dass auch sozialer Wandel möglich ist?** Wie gehen also Reproduktion (Wiederholung) und Produktion (Herstellung) des Sozialen in der individuellen Praxis vor sich.

Alle Zugänge, die zu Recht auf die präreflexive oder unbewusste Dimension von Sozialisationsprozessen hinweisen, müssen den Körper als Scharnier von Subjekt und Struktur (Villa 2006, S. 64f.) anerkennen – ‚Somatisierung' heißt der entsprechende soziologische Begriff. (‚Soma' ist das griechische Wort für Körper und wird gerade im sozial- und kulturwissenschaftlichen Kontext dann verwendet, wenn der Begriff des Körpers allzu zeitgeistig oder semantisch eng geführt erscheint.

Die Hexis ist nach Bourdieu die somatische Seite des Habitus = die „äußerlich wahrnehmbaren" Ausdrucksformen des Habitus. Generell theoretisiert Bourdieu Vergesellschaftungsprozesse als die Herausbildung einer klassenspezifischen Habitusform. Die „Klasse von Existenzbedingungen", die Bourdieu hierzu anführt, ist die von Ungleichverteilung zentraler sozialer Ressourcen wie Bildung und Geld geprägte Sozialstruktur. **Das Aufwachsen in einer Klasse bringt den individuellen klassenspezifischen Habitus hervor, d. h. welche „Wahrnehmungs-, Denk- und Handlungsschemata" Menschen entsprechend ihrer sozialen Herkunft ausbilden.** Das der Habitus derart wirksam ist, das verdankt er nicht zuletzt seiner „Unbewusstheit". Wir denken ja nicht dauernd darüber nach, was wir beispielsweise unserem Milieu entsprechend essen. Einverleibung ist hier das zentrale soziologische Stichwort, denn die Hexis kann als die oben aufgeführte Verschränkung von Körper und Leib bzw. von sozialem Wissen und authentischem Fühlen und Denken verstanden werden. Hier ist die sozial erzeugte und mit ökonomischen Strukturen eng verstrickte Geschlechterdifferenz für Bourdieu ein entsprechendes Beispiel. Männlich und weiblich stellen sich in seiner Perspektive als je spezifische körperliche Hexis dar, als „zwei entgegengesetzte und komplementäre Klassen von Körperhaltungen, Gangarten, Weisen des Auftretens, Gesten usw. Der Anschein der Naturhaftigkeit dieser ‚zwei Körper' legitimiert nach Bourdieu ein (männliches) Herrschaftsverhältnis, indem sie es in etwas Biologisches einschreibt.

Aber allein mit der Hexis nach Bourdieu kann der soziale Wandel nicht angemessen verstanden werden, denn hier hätte der Eigensinn keinen Platz. Die Reproduktion sozialer Ordnung kann anhand der Analyse von Einleibungsprozessen mit Bourdieu eingefangen werden, die der (performativen) Produktion weniger. Hierzu bietet sich das Konzept der Mimesis an.

Ein mimetischer Akt kopiert nie 1:1 eine Bewegung oder Geste, sondern variiert diese zwangsläufig aufgrund des neuen Kontextes, in den diese immer gestellt wird. Also immer eine kreative Neuproduktion, einen eigensinnigen Überschuss, der vom vorgängig bestehenden abweicht und nicht kontrolliert werden kann. Körperliche Praxis ist damit immer auch produktiv; bringt grundsätzlich auch etwas Neues hervor. Körperliche Praxis ist „performativ".

Die hier mit Hilfe der Begriffe von Habitus und Mimesis skizzierte Gleichzeitigkeit von Reproduktion und Produktion im Rahmen von Vergesellschaftung zu denken, das ist ein soziologischer Gewinn der Betrachtung des Körpers. Also: Einverleibung (Hexis) und Performativität (Mimesis). **Bei sämtlichen Interaktionen sind Verkörperungen doppelt verfasst: einerseits als Verkörperung sozialer Normen, andererseits als performative Neuschöpfungen dieser sozialen Deutungen.**

Professionelles Handeln ist körperlich. Die Sozialstrukturen einer Gesellschaft, etwa im Sinne von Klasse oder Milieu und deren „feine Unterschiede" werden ganz wesentlich als Körperpraxis real und als jeweilige Hexis gespürt. So gehört zur Vergesellschaftung in spezifischen sozialen Feldern, wie z. B. der Wissenschaft, das Einüben angemessener Körperpraxen, die weit über das bloße Zeigen von Kompetenz hinausgehen. Inkorporiertes Kapital – im Sinne Bourdieus – lässt sich nicht kaufen oder schnell aneignen, allen Benimmkursen und Coachings zum Trotz. Doch womöglich ändert sich aktuell genau dies, denn die Zunahme der plastischen Chirurgie oder anderer somatischen Selbst-Technologien ersetzt, so könnte man es interpretieren, den langwierigen Somatisierungsprozess, von dem Bourdieu und andere noch getrost ausgehen.

Stichwort „Intersektionalität": Spezifische Körper und spezifische körperliche Praxen machen deutlich, dass es ‚den' Sport, ‚den' professionellen Habitus oder gar ‚die' Frau so nicht gibt. Spezifische Körper sind immer konstituiert durch eine Melange aus einer Vielzahl von sozialen Zugehörigkeiten und Positionierungen, und dies bringt im spezifischen Tun neue Praxen hervor.

Im nachfolgenden geht es darum: wie sich die Soziologie die konstruktive Rolle des Körpers als Generator sozialer Ordnung einerseits und die konstituierte Realität des Körpers als Effekt sozialer Ordnung andererseits vorstellt. (= der Körper macht Gesellschaft und die Gesellschaft prägt die Körper)

<u>3. Das ‚Wie' des Körpers: Soziale Konstruktionen und Handlungspraxen</u>
Eine der Kernfragen und Forschungsfelder der Soziologie betrifft das Handeln bzw. die Ebene der Interaktion = Mikrosoziologie.
Hierzu zwei Klassiker:
Goffman: steht für „dramaturgischen Ansatz"
Garfinkel: Perspektive der „Ethnomethodologie" (Krisenexperimente!)
In systematischer Hinsicht lassen sich beide Autoren und ihre Arbeiten denjenigen zuordnen, die die ‚Konstruktionsleistungen' der Akteure betonen.
Soziale Ordnung ist für beide Konstruktionsarbeit. Mit einem solchen Fokus gehören beide Perspektiven zu den (sozial-)konstruktivistischen Soziologien, die sich vor allem auf das „wie" des Sozialen konzentrieren, nicht etwa auf das „Warum". **Wie also stellen Menschen durch Handeln ihre soziale Welt her? Wie wird der Körper dazu eingesetzt?**

Der Körper muss in Interaktionen zum Einen sozial dekodiert werden, d. h. er muss gelesen und verstanden werden können. Dafür muss er zum anderen logischerweise sozial kodiert sein, er ist also je nach Praxis im Hinblick auf die „Skripte" und „Rahmen" (Goffman) einer Situation gedeutet. Personen wollen und müssen sich ihren Mitmenschen andauernd präsentieren, anders ist Handeln unmöglich. Dies tun Menschen vor allem mit und anhand ihres Körpers. Wir lesen unsere Körper wechselseitig in Interaktionen und bekommen dadurch wesentliche Eindrücke über unsere Mithandelnden: Kleidung verweist auf sozialen Status, auf das Geschlecht, auf den Beruf bzw. die jeweilige Tätigkeit (z. B. Uniform), der Haarschnitt auf das Alter, die Gesten auf einen professionellen Habitus. Gleichzeitig inszenieren wir uns. = Skripte. Die materiellen Umgebungen unserer Praxen = Rahmen, bieten den Deutungshorizont für unser Tun (z. B. sortieren wir die Menschen in einer Mensa nach Angestellte, Studenten und Dozenten).

Der Körper als Zeichen, als indexikalischer Ausdruck ist bei Goffman ein durch und durch sozial konstituierter Körper. Der Körper ist hier gewissermaßen durchsozialisiert, denn er ist die wichtigste Visitenkarte der handelnden Menschen im sozialen Alltag. Jeder ‚Fehler' kann den Routineablauf von Praxen stören

Mit solchen Störungen hat sich Garfinkel befasst. Mit seinen „Krisenexperimenten" hat er gezeigt, wie sehr die Aufrechterhaltung sozialer Ordnung u. a. von der kompetenten Verwendung des Körpers abhängt. Ihm ging es in seinen Arbeiten – in der Soziologie unter dem Stichwort „Ethnomethodologie" – darum, die alltägliche Lebenswelt daraufhin zu untersuchen, wie das Selbstverständliche, das Normale, das Routinierte unseres Alltags zustande kommt und wie voraussetzungsreich dies ist. In einer seiner Studien (zu „Agnes", einer Mann-zu-Frau-Transsexuellen) hat er gezeigt, dass die geschlechtliche Dimension dieser Lebenswelt, d. h. die An- und Erkennung von Menschen als männlich bzw. weiblich kaum von ihrer jeweiligen Anatomie oder genetischen Ausstattung abhängt, dafür aber wesentlich vom „korrekten" Einsatz körperlicher Gesten und Zeichen. Indem Menschen lernen, geschlechtsadäquat ihren Körper zu verwenden, werden sie von anderen als ein Geschlecht wahrgenommen – nicht umgekehrt. Männer und Frauen geben sich demnach als solche zu erkennen, indem sie ihre Körper und seine vielfältigen Dimensionen entsprechend dem lebensweltlichen Wissen über die Geschlechter einsetzen. (Hierzu auch Arbeiten von Kessler/McKenna in USA und Hirschauer in Deutschland)

Gerade die handlungstheoretische Sicht auf die Körper zeigt, dass gerade naturalisierte Differenzen (alt/jung, männlich/weiblich, gesund/krank usw.) sozial gemachte sind und dass der Körper in der Herstellung zentrales Mittel und prominenter Modus ist. Soziale Zugehörigkeiten wie etwa zu einem Geschlecht, zu einer Subkultur oder zu einer Generation werden wesentlich durch die Verwendung des Körpers im Alltag performativ hervorgebracht.

4. Das ‚Was' des Körpers: Soziale Konstitution und Diskurse

Eine (soziale) Differenz, die den Körper in unserer alltäglichen wie wissenschaftlichen Wahrnehmung prägt, ist die von Natur und Kultur. Dabei gilt der Körper, jedenfalls seit dem späten 18. Jahrhundert, als etwas Natürliches. Die Naturwissenschaften haben sich mit dem Körper befasst.

In den Sozial- und Kulturwissenschaften, auch der Geschichte und Erkenntnistheorie wurde im Laufe des 20. Jahrhunderts die Frage zunehmend beforscht, ob denn die bislang selbstverständliche Zuordnung des Körpers zum Bereich der Naturwissenschaften nicht selbst eine zu kritisierende Zuordnung darstellt. Dabei wurde darauf hingewiesen, dass die ‚Natur' eine kulturelle, soziale und politische Konstruktion ist.

Zunächst ist festzuhalten, dass der durch die Medizin oder Biologie als ‚natürliche' Entität definierte Körper dies faktisch nie ist und auch nie war. Die Unterscheidung zwischen ‚Natur' und ‚Kultur' stellt eine soziale Unterscheidungspraxis dar. Medizinische, biologische oder genetische, hirnphysiologische oder evolutionstheoretische Aussagen zur Natur des Körpers sind eben *Aussagen* – und keine objektiven Wahrheiten. Jeder Blick durch ein Mikroskop, jede Messung an einem Körper, jede chemische Untersuchung ist soziale Praxis, kein objektives Abbild einer unberührten Natur. Jegliches (natur)wissenschaftliches Wissen ist ein von Menschen erzeugtes Wissen.

Diese Problematik zeigt sich besonders bei der Geschlechterfrage und der Frage bezüglich der Natur des (Geschlechts-)Körpers. Die Frage wurde von der Frauen- und Geschlechterforschung in die Soziologie hineingetragen. Im Rahmen der Zweiten Frauenbewegung der 1970er und 1980er Jahre hatten sich Frauen im politischen, dann auch akademischen Kampf gegen schicksalhafte Zuschreibungen dessen, was eine Frau ‚von natur aus' oder ‚eigentlich' sei, organisiert. Fast alle Forderungen der Frauenbewegung (Abtreibungsfrage, Recht auf ein unabhängiges, eigenes Leben, Kampf gegen sexuelle Gewalt) konzentrierten sich auf Körperliches. Diese Selbstermächtigung qua Körper stellt radikal jegliche Unterstellung natürlicher Eigenschaften, die ja vor allem körperlich begründet wurden, in Frage: Gebärmutter = nicht gleich Mütterlichkeit, Menstruation = nicht gleich zyklischer, sprunghafter, hormongesteuerter Charakter, Vagina = nicht gleich Heterosexualität im Dienste der Penetration. Kritisch hinterfragt wurden also die großen Folgen des ‚kleinen Unterschieds'. So wurde der Körper zum politischen Schauplatz.

Jetzt kommt Foucault ins Spiel:
Mit der Wirkmächtigkeit von gesellschaftlichen Redeweisen über die Natur des Körpers befassen sich die soziologische Diskurstheorie und –analyse. Dieses Feld, dass sich im Anschluss an Foucault der Konstitution des Körpers durch Diskurse annimmt, steht in der Traditionsliniemakrosoziologisch orientierter Perspektiven, insofern davon ausgegangen wird, dass Körper immer schon durch gesellschaftliche Verhältnisse – hier Diskurse – sozial verfasst sind.

So bilden beispielsweise die Diskurse der Zweigeschlechtlichkeit oder jene zu Gesundheit/Krankheit die „Intelligibilitätsmatrix" (Butler) dafür, dass spezifische Verkörperungen als normgerechte, sozial anerkannte Körper betrachtet werden – und andere eben nicht. **Da diese Muster der sozialen Anerkennung nicht aus den vermeintlich natürlichen Tatsachen des Körpers selbst, sondern aus den Prozessen seiner Konstitution folgen, ist in einer dis-**

kurstheoretischen Perspektive die gesellschaftliche Vorprägung von „Körpern von Gewicht" (Butler 1995) ein zentraler Fokus. Über körperbezogenen Normen werden zentrale soziale Semantiken mit hoher Wirkmächtigkeit, wie die Begriffe normal/monströs, schön/hässlich usw. gewissermaßen erfahrbar und spürbar real. Diese Normen werden vor allem durch ihre subtile Reproduktion nd Multiplikation in den (Natur-)Wissenschaften (Medizin und Biologie) mit dem Status des Objektiven versehen (Bsp. BMI), fließen damit in die gesellschaftliche Wissensproduktion ein und aus dieser wieder in den Alltag zurück.

Die Wissenssoziologie hat wichtige Beiträge geliefert, vor allem auf dem Feld der Geschlechterforschung. Denn kaum eine andere Differenz ist in der Moderne derart als natürliche und objektive kodiert wie die geschlechtliche.

Gegenwärtig steht, auch angesichts einer Gleichzeitigkeit von Körperkult und Leibvergessenheit unserer Gegenwart, die soziale Natur unserer Körper im Mittelpunkt des sozialwissenschaftlichen Interesses. Im Anschluss etwa an Foucault befassen sich im Feld der Gouvernmentalitätsstudien eine Reihe von Arbeiten damit, wie spezifische Verkörperungsmodi und körperbezogene Selbst-Technologien als Ausdruck einer neuen Form der Herrschaft im Sinne neoliberaler Bio-Politik zu deuten sind. Aus einer solchen Perspektive wären ‚gesundes' Essen, Sport, Fitness, Wellness, Diäten usw. nachbürgerliche Formen der individuellen Selbstbeherrschung, die als Verkörperungsarbeit gesellschaftlicher, ökonomisch motivierter Normen wie Flexibilität, Optimierung, Mobilität usw. sozialen Sinn machen. Foucault konnte zeigen, wie die moderne Gesellschaft darauf angewiesen ist, ihre Bevölkerung über die Körper zu verwalten und zu steuern.

Insbesondere Diskurse zur Sexualität spielen in diesem Zusammenhang eine wichtige Rolle: So gut wie alle gesellschaftlichen Institutionen – Familie, Sozialpolitik, Organisationen, Professionen, Bildungswesen usw. – satteln in der westlichen Moderne auf einer impliziten Heterosexualität auf, die sich aufgrund ihrer ‚stillschweigenden' Wirkmächtigkeit im Modus des Natürlichen als Heteronormativität entlarvt (Villa 2006). Damit werden Körper wesentlich normiert und reguliert, da manche Körper im normativen Horizont der Zwangsheterosexualität als Pervers, krank, unnatürlich, gefährlich oder schmutzig gelten, andere dagegen als gesund, eigentlich, natürlich und richtig. Dies hat nicht nur individuelle, psychische bzw. identitätsrelevante Folgen, sondern greift massiv in die Rechte von Personen ein.

Zusammenfassend lässt sich festhalten, dass die Analyse von sozialen Wissenssystemen (z. B. Diskursen) zeigt, dass diese maßgeblich regulieren, welche Körper wir im Alltag auf welche Weise wahrnehmen. Wir erkennen etwa schöne oder hässliche, dicke oder dünne Körper und zwar eben nicht, weil sie an sich so wären. Vielmehr erkennen und anerkennen wir alltagsweltlich spezifische Verkörperungen entlang sozialer (Herrschafts-)Kategorien. Diese liefern uns Wissenschaften, die in modernen Gesellschaften als besonders legitime Narrative gelten. Die soziale und durch Wissenschaft gestützte Einordnung einzelner Verkörperungen als natürlich und normal, und andere als gefährlich oder krank und vor allem als unnatürlich, ist ein zentraler Herrschaftsmodus.

5. Der Körper: Soziale Natur
Wie auch immer die Soziologie mit der somatischen Dimension des Sozialen umgeht, sie kann nicht hinter der Einsicht zurückfallen, dass unsere Natur sozial ist. Die menschliche Natur ist sozial gemacht.

Gerade die auch populärkulturelle Dramatisierung von Körperpraxen – plastische Chirurgie, Extremsport, Diät, Model- und Tanzsendungen usw. – ist ein Verweis darauf, wie verfügbar der ‚Rohstoff Körper' geworden ist.

Die Herauslösung des Körpers aus den Fängen der ‚Natur' bietet zum einen Freiheit (freie Entscheidung, was wir mit unserem Körper machen) aber auch Unterwerfungsrisiko (wer entscheidet, nach welchen Kriterien, sind wir tatsächlich souveräne Entscheider?). Entscheidungsmöglichkeiten werden zu Entscheidungsgeboten, gar Entscheidungszumutungen. Es wird unmöglich, sich nicht um seinen Körper zu kümmern. Der Körper ist die Visitenkarte bei Jobsuche, Partnerwahl. An Zähnen, Bauch und Kleidung wird der Status, Milieuzugehörigkeit, Bildungsgrad oder schlicht das Geschlecht abgelesen. Und man sieht, wer welche Arbeit in seinen Körper investiert.

Die neue Verfügbarkeit zeigt, wie sehr Normen und individuelle Praxen bzw. Identitäten aufeinander verweisen. Die Verfügbarkeit birgt soziale Konflikte, vor allem ‚ethischer' Art. Dies zeigen die aktuellen Debatten um gendiagnostische und pränatalmedizinische Verfahren oder um Tod und Sterben. Die Körpersoziologie hat auch keine einfachen Antworten oder Gebrauchsanweisungen, aber sie kann vor allem zeigen, wie sehr die Gesellschaft uns unter die Haut geht.

<u>**Grundlagenerklärung: Körpersoziologisches II – Geschichte**</u>

<u>**Lorenz, Maren (2000a): Leibhaftige Vergangenheit.**</u> **Einführung in die Körpergeschichte. Tübingen: edition diskord, S. 15-41**

<u>1. Einführung</u>

<u>Körper als Methode – Die Suche nach dem „Leibhaftigen".</u>
<u>„Essentialismus" versus „sozialer Konstruktivismus"</u>

Wer sich mit der Körpergeschichte befasst, kann dem Problem verschiedener Menschenbilder nicht ausweichen. Es gibt eine unendliche Varianz von „Formen", z. B. grob nach Geschlecht, Hautfarbe, Alter, sozialer Klasse oder Grad an körperlicher Unversehrtheit. Interessant im Hinblick auf Geschlechtlichkeit, das Wissen um die eigene Geschlechtlichkeit fällt nicht vom Himmel, es wird erlernt.

Da das „Bewusstsein vom Ich" nach abendländischer Philosophie doch das Wesen menschlicher Exklusivität ist, gerät man insbesondere bei Lebewesen/Personen, die solches nicht artikulieren bzw. kommunizieren können, in heikle und nur durch ethisches Aushandeln zu klärende „Gewässer" (Patiententestament, Sterbehilfe, Organtransplantation, Abtreibung usw.).

Auch für Mitglieder moderner Gesellschaften ist der eigene Körper nicht mehr anders als in Gestalt eines geschlechtlichen, medikalisierten, biologischen Systems erfahrbar. Was ist also der tatsächliche menschliche Körper, von dem alle Welt spricht?

Also muss man sich Menschen- und Körperbilder der vergangenen Jahrtausende näher anschauen.

Die Vermittlung von Körperbildern, Körpertechniken und Körpererfahrungen funktioniert immer über die Sprache, auch (überlieferte) Körpersprache. (Dies haben die Naturwissenschaften ignoriert.)

Die Geschichtswissenschaft kam lange ohne die Auseinandersetzung mit „dem Körper" aus, da er doch allen menschlichen Denken und Tun so selbstverständlich vorausgeht, dass er quasi unsichtbar wurde.

Die Medizingeschichte untersucht den Wandel von Körperbildern im Spiegel von Leid und Linderung.

Es lässt sich sicher sagen: in den hochtechnisierten Ländern, deren geistige wie wirtschaftliche Produktion vielfach um die Ausbildung und Ausgestaltung von individuellen oder kollektiven Identitäten und Freiheiten kreist – und da gerade in den nicht mehr physisch arbeitenden Schichten – seit Jahren eine zunehmende Hinwendung zum Körperlichen zu verzeichnen ist.
Beispiele für diesen Prozess: „sexuelle Revolution" der 70er Jahre, jugendfixierten Gesellschaft des doppelten Alterns (mehr und ältere Alte), Fitness-, Schönheits- und Gesundheitskult ist moralische Pflicht, body modifikation usw. Solche Trends treffen auf Hirnphysiologie, Neurologie, Gentechnik oder die Psychosomatikforschung.

Dieses Interesse am Körper ist nicht neu. Die Auseinandersetzung mit Gesundheit und Krankheit, Alter und Jugend, Schönheit und Hässlichkeit, Reinheit und Unreinheit scheint so alt wie die Menschheit zu sein.

Das menschliche Denken und Handeln ist qua menschlicher Physis zwangsläufig körperfixiert. Ohne Körper ist die Welt weder erfahrbar noch auslegbar.

Die Vergangenheit und ihre verschiedenen Menschenbilder werden unterschiedlich interpretiert: wegen *Essentialismus* und *sozialem Konstruktivismus*.
Beiden scheinbar so konträren Richtungen gemeinsam ist zwangsläufig die Dimension der an „das Fleisch" gebundenen *Erfahrung* als Gegenstand der historischen Untersuchung.
„Essentialisten" suchen am liebsten nach Gemeinsamkeiten und Kontinuitäten der Körpererfahrung, die dann als Beweise für die axiomatisch behaupteten anthropologischen Konstanten gewertet werden. Veränderungen oder Abweichungen werden marginalisiert oder als Irrtümer entlarvt. Sie nehmen (historisch) beobachtbare Verhaltensweisen und vielfach dokumentierte und gelebte Normen als Ausdruck von objektiver Wahrheit, vor allem dann, wenn sie der alltäglichen Empirie entsprechen. Dies trifft in besonderem Maße für die Zweigeschlechtlichkeit und vielfach auch für die sexuelle Orientierung, Rassentheorien und andere gesellschaftspolitisch brisante Bereiche zu. Die essentialistische Argumentation impliziert automatisch einen gewissen Determinismus, da bestimmte menschliche/geschlechtsspezifische Wesenszüge freie Entscheidungen des Individuums ausschließen. Diesen natürlichen Wahrheiten Widersprechendes muss zwangsläufig als deviant und damit pathologisch erscheinen. Normative Rigidität lauert hier als ethisches Problem im Hintergrund.
Konstruktivisten interessieren die verschiedenen historischen Facetten der Körperwahrnehmung, deren Bandbreite wiederum als Beweis für die Abhängigkeit von kultureller Prägung genommen werden. Sie deuten Kontinuitäten als Folge von langwierigen Internalisierungsprozessen und „Dressur" des Bewusstseins und führen gerade Abweichungen als Beweise für die Möglichkeit „des Anderen" ins Feld. Sie betonen die Vielfalt und Widersprüchlichkeit von Kategorisierungen, die nur Begrifflichkeiten darstellen, deren Bedeutungsinhalte sich durch Raum und Zeit jedoch veränderten. Extreme konstruktivistische Positionen laufen hingegen Gefahr alles was geht zu postulieren und damit der moralischen und sozialen Relativität aller menschenmöglichen Verhaltensweisen das Wort zu reden. Auch besteht das Risiko, alle Realität und Materialität zu diskursivieren und damit scheinbar verschwinden zu lassen.

2. Begriffliche Fußangeln einer Körpergeschichtsschreibung

2.1. „Körper" und „Leib", „body", „corps", „corpo", „cuerpo"…
Barbara Duden, die in den 80er Jahren in Deutschland als erste die gesellschaftskonstituierende Bedeutung der individuellen Körperwahrnehmung vor historischen Hintergrund untersuchte, legt immer noch Wert auf ihre damals getroffenen Differenzierung zwischen „Körper" und „Leib".

Diese Unterscheidung findet sich bei jenen Zivilisationskritiker, die mit der Abwendung von „manipulierbaren Körper" und der Hinwendung zum „erlebten Leib" eine Rückkehr zu verschütteten Authentizitäten zum wahren „Selbst" verbinden: „dem Körper ist der Leib kaum auszutreiben".

Dieses Ausspielen des Leibes gegen den Körper hat eine längere philosophische Tradition, die mit Husserl begann und der die Kritische Theorie (Horkheimer/Adorno) ebenso wie bestimmte feministische Strömungen neue Impulse gaben. Ein polares Verständnis, das die Fiktivität der Essentialismus-Konstruktivismus-Dichotomie auf den Punkt bringt. Dem kulturell über-/verformten Körper wohnt so oder so ein verschütteter „natürlicher" Leib inne, den es freizulegen gilt (Lindemann, der aber um eine Synthese bemüht ist).

Das Wort „Körper" stammt vom lateinischen „corpus" in der Bedeutung von „Leib", „Gestalt", aber auch „Fleisch" ab und ist seit seinem Erscheinen Ende des 13. Jahrhunderts in allen romanischen und germanischen Sprachen in diversen Formen oft als einziger Terminus erhalten geblieben.

Im deutschen Hochmittelalter wurde das althochdeutsche „lichamo", das ursprünglich „Leib" im Gegensatz zu „lib" (Leben) meinte, von „lip" verdrängt und sein Bedeutungsinhalt auf das tote Fleisch beschränkt.

Die ursprüngliche Ganzheitlichkeit des germanischen Leib-Leben-Komplexes wird durch die ins Sprachliche absinkende Christianisierung gesprengt und der Körper in der Folge in eine minderwertige hierarchische Position zur Seele gerückt.

<u>2.2 Diskurs</u>
Sprach man von Diskursen, ging es je nach Thema um Elitendiskurse, etwa um philosophische, theologische, medizinische, juristische oder politische Schriften.

Größere Verbreitung gefunden hat der Begriff aber erst mit der Rezeption der historischen Analysen von Foucault in der neueren Kulturgeschichte und vor allem der feministischen Forschung. Er benutzt den Begriff ausschließlich im Plural, um auf die Produktionsbedingungen solcher Normen und moralischen Urteile aufmerksam zu machen, die die Selbstwahrnehmung des Individuums prägen und das Verhalten steuern. Seine Schlüsselbegriffe sind „Macht", „Kontrolle" und „Disziplin". **Die Macht der Wissenschaft „produziert Gegenstandsbereiche und Wahrheitsrituale: das Individuum und seine Erkenntnis sind Ergebnisse dieser Produktion".**

Wirkungsmächtig Diskurse sind die elitären, zu denen die große Mehrheit der Menschen allerdings nie Zugang hat, da „Experten" den Zugang kontrollieren.

Foucault berücksichtigt nicht nur das geschriebene Wort, sondern auch das gesagte Wort (Diskurs über den Wahnsinn von Foucault, es wurde auch berücksichtigt, was die Geisteskranken gesagt haben).
Was ist Wissen zu einem Thema bei Foucault: Gesamtheit der Aussagen zu einem Thema + Praktiken, diskursive Ereignisse --> Beziehungen zwischen Aussagen = diskursive Formationen/Beziehungen = Wissen zu einem Thema!!!

Foucault spricht sich gegen das Bemühen der Geschichtsforschung aus, die Rekonstruktion vergangener Welten zu betreiben. Interessieren sollen nicht die Inhalte, sondern nur „Form und Typ ihrer Verkettung" und ihr sich über die Zeiten verändernder „Stil". Dies bedeutet: Körpergeschichte kann niemals Erfahrungsgeschichte sondern nur Diskursgeschichte sein.

Ludwig Fleck: Wissenschaftler sind an gewisse Denkstile gebunden, was über die Richtlinien des Erkenntnisgewinns entscheidet. Varianten werden nur in Fachkreisen (Fachzeitschriften, Handbücher, auf Kongressen) zugelassen. **Wandel geschieht über „Denkstilergänzung, Denkstilerweiterung, Denkstilumwandlung".**

<u>2.3. Kultur</u>
Der letzte zentrale Terminus, ohne den die Bedeutung der historischen Beschäftigung mit Körper nicht zu vermitteln wäre, ist der erweiterte Kulturbegriff. Er ersetzt inzwischen häufig den das Soziale und Politische betonenden Terminus der „Gesellschaft" der sich in den 70er Jahren etabliert hatte.
Kultur bedeutet nicht nur das Schöngeistige, Ästhetische oder Wissenschaftliche = klassische Aufteilung sondern meint vielmehr: **jene Praxis, die Aneignung und Erfahrung von Wirklichkeit mit Selbst- und Fremddeutung verknüpft, was wiederum die Lebensweisen und Lebensstile prägt.** Das Wort greift damit bewusst über den Gesellschaftsbegriff hinaus.

Hier wichtig die Arbeiten von Turner und Douglas: Grundsätzlich hinge die „Bedeutung" jeglicher Handlung ganz vom „Netz" der sozialen Beziehungen ab, die sich darin widerspiegeln. Menschen sind in diese „selbstgesponnenen Bedeutungsgewebe" verstrickt. Kultur ist dieses „Gewebe". Es gibt keine Instanzen, die Bedeutungen a priori oder dauerhaft festlegen, sondern diese entstehen in ihrem jeweiligen Kontext. „Wissen" ist ein Produkt sozialen Verhaltens und immer körperbezogen, fiel Douglas auf, als sie die Reinigungsrituale und Mythen der Lele in Belgisch-Kongo studierte.

Die Verwendung des Kulturbegriffs zeigt, dass „soziale Tatsachen" – etwa Klassen- oder Schichtenbildung, soziale Bewegungen oder Phänomene wie die Industrialisierung – ohne Rückgriff auf die Welt- und Selbstdeutung der Menschen weder zu beschreiben noch zu erklären ist. So werden die einzelnen Menschen zu historischen Akteuren.

Die Dimension der Erfahrung prägt und steuert die *Wahrnehmung* und damit auch das Handeln. Kultur ist eine komplizierte Synthese aus medial *überlieferten* und geophysischen Strukturen auf der einen und Handlungen und Wahrnehmungen von Individuen auf der anderen Seite.

Kultur hat für Douglas noch eine weitere normative Dimension: Als Summe der „öffentlichen, standardisierten Werte einer Gemeinschaft stellt sie im voraus einige Grundkategorien bereit, ein positives Muster, in das Vorstellungen und Werte säuberlich eingeordnet werden. Vor allem aber besitzt sie Autorität, da jeder dazu veranlasst wird, sie anzuerkennen, weil andere es auch tun. Kulturelle Kategorien sind öffentliche Angelegenheiten, sie lassen sich nicht ohne weiteres revidieren.

<u>Aufsatz von Thomas Alkemeyer (2007): Aufrecht und biegsam. Eine Geschichte des Körperkults.</u> In: APuZ 18/2007, S. 6-18

Im öffentlichen Raum sieht man heute Einiges, was in den 1960er Jahren noch nicht zu sehen war: Jogger, Inlineskater, Skateboarder, Menschen hinter gläsernen Fassaden in Fitnessstudios. Im Mittelpunkt dieser Veränderungen steht der Körper mit seinen Praktiken und Darbietungsformen. Die Auftritte des Körpers sind heute öffentlich, früher in der privaten Lebenswelt (z. B. in einer Turnhalle).

Es geht um eine Körpergestaltung, die nach außen wirken soll. Eine ganze Körperindustrie hat sich auf Wartung, Reparatur und Vervollkommnung spezialisiert.
<u>Der Körper als Symbol</u>
Woher kommt diese ungebremste Sorge um den Körper?

In den traditionalen Gesellschaften Europas galt der Körper als Sitz der natürlichen Eigenschaften der Person. Mit dem Übergang zu den modernen repräsentativen Demokratien ist er zu einem Medium symbolischen Ausdrucks geworden.

Ursprünglich ging man von der Idee aus, in der Natur der Körper ist eine soziale Ungleichheit begründet. Dies wurde in langwierigen sozialen und politischen Kämpfen durch die Vorstellung einer natürlichen Gleichheit der Körper abgelöst.

Der Körper erhielt nun die Funktion, die unsichtbaren Tiefenschichten des Charakters auszudrücken. Als „Bühne der Personenidentität" wurde er selbst als ein Produkt individueller Anstrengungen aufgefasst. Seine Erscheinung belegt nun die Lebensführung der Person – ihre Moral, ihre Anstrengungsbereitschaft, ihre Selbstdisziplin.

Zusammen mit der Idee einer natürlichen Gleichheit der Körper entstand so ein neues Ungleichheitssystem. Zunächst reichte noch der dunkle Anzug und der weiße Hemdkragen aus, um soziale Grenzen zu markieren. Das kann sich jetzt auch die untere Schicht leisten, deshalb jetzt Details: Stoffe, Schnitte Eleganz, die formvollendete Geste. Es geht um die symbolische Markierung sozialer Differenzen. Dies geht mit einem neuen Verständnis des Körpers als Besitz, der gepflegt, modelliert und verbessert werden kann, einher.

Für die Ausbildung bürgerlicher Identität war auch das Aussehen, Auftreten und Verhalten von Bedeutung; Vielzahl von Manierbüchern; Bürgertum war Klasse zwischen Adel und Unterschicht; das Bürgertum belegte am eigenen Körper seine Tüchtigkeit; der Körper sollte nicht so blass und überfeinert wie bei den Adeligen sein (= überflüssig) sondern kraftvoll, gestrafft und gesund (= bürgerliche Überlegenheit); das Bürgertum machte sich die Herrschaftssymbolik des Aufrechten zueigen und vollzog im aufrechten Gang mit stolz erhobenen Kopf und streifendem Blick seine Emanzipation; Kant: „Ausgang des Menschen aus seiner selbstverschuldeten Unmündigkeit" gewann darin physische Gestalt; die Bürgerlichen spotteten nach oben, da der Adel zu jeder Bewegung Unterstützung brauchte und nach unten, wo die Menschen durch schwere körperliche Arbeit gebückt gingen; Stock und Hut ließen größer und würdevoller erscheinen; nicht starr und unbeweglich wie die Feudalgesellschaft, sondern beweglich, rasche Auffassungsgabe und Einsatzbereitschaft; dies fand auch Niederschlag in der bürgerlichen Leibeserziehung an der Wende zum 19. Jahrhundert (Gymnastik für die Jugend von GutsMuths); der Körper sollte zu einer perfekt funktionierenden Maschine werden, ohne maschinell zu wirken; aristokratische Bewegungskultur in strenge Formen gepresst wie Reiten, Fechten, Tanzen; die neuen bürgerlichen Leibesübungen auf die Darbietung eines funktionierenden Körpers, dessen Zwangslosigkeit gleichzeitig die neue ‚liberale Idee' zum Ausdruck bringen sollte.

Selbst- und Fremdtechniken
Die neue bürgerliche Körper- und Bewegungskultur lässt sich als eine ‚selbsttechnologische' Subjektivierungspraktik begreifen.

Darunter versteht Foucault: Techniken, die Individuen für sich wählen, um „mit eigenen Mitteln bestimmte Operationen mit ihren eigenen Körpern, mit ihrem Geist, mit ihrer eigenen Lebensführung zu vollziehen, und zwar so, dass sie sich selber" – und damit ihr Verhältnis zur Welt – formen und verändern (das Individuum will zu einem Zustand der Vollkommenheit).

Selbsttechniken können sich niemals von gesellschaftlichen Regulierungen, Machtkämpfen und Herrschaftsverhältnissen befreien, aber sie können ein Gegengewicht bilden. Die Selbstermächtigung ringt mit der Fremdbeherrschung, darin liegt ihre politische Relevanz.

Kräfte der Regulation, der Disziplinierung und der Normierung wirken auf den Körper ein. Anhand der verfügbaren Ressourcen haben die Individuen aber auch die Möglichkeit, ihren Körpern eine eigene Gestalt zu geben.

Also: Praktiken der Selbstformung sind „das nicht wegzudenkende Gegenüber" der Machtbeziehung.

<u>Von der Aufrichtung zur Ausrichtung</u>
Im Laufe des 19. Jahrhunderts setzte sich die militärischen Strammheitszumutung in der deutschen (Körper-)Pädagogik flächendeckend durch. Während das ‚Volksturnen' (Jahn) noch zur national-revolutionären Bewegung des deutschen Vormärz gehörte, diente das Drillturnen Ende des 19. Jahrhunderts der Produktion von sich fraglos, auf aufrecht dem nationalen Kollektiv einordnender Untertanen. Es sollte dadurch ein nationales Gemeinschaftsbewusstsein gefördert werden. (kommt mir komisch vor!)

<u>Sport als Heilmittel</u>
Hintergrund für die staatlichen Bio-Politiken der Bevölkerung war die Konkurrenz der europäischen Nationalstaaten um Marktanteile, Kolonien und Einflusssphären auf den sich etablierenden Weltmarkt. Die Nationalstaaten nahmen ihre Bevölkerungen als Herrschafts- und Kriegsressource ins Visier, die es größer, kräftigern und gesünder zu machen galt.

Während die frühen Sozialdarwinisten noch in die natürlichen ‚Auslesemechanismen' vertrauten, dominierte bei den Eugenikern des *Fin des siécle* die Degenerationsangst. Aus ihrer Sicht gehörten sozialstaatliche Errungenschaften wie Sozialmedizin, Armenfürsorge und öffentlicher Wohnungsbau zu den Ursachen der Degeneration, da sie die Mechanismen einer natürlichen Selektion außer Kraft setzten.

Um die Evolution systematisch in die Richtung einer Verbesserung des menschlichen ‚Genpools' zu lenken, arbeitete Galton 1883 unter dem Einfluss von *Die Entstehung der Arten* seines Vetters Darwin den Gedanken einer praktischen Anwendung des Selektionsprinzips aus. Die Eugenik verstand sich explizit als angewandte Politik. Der normativen Orientierung an der Höherentwicklung der Nation wurde jede Individualethik untergeordnet. Kranke, Schwache oder Kriminelle wurden in verschiedenen Ländern (USA, Schweiz, Schweden usw.) als durch Zwangssterilisationen aus dem Fortpflanzungsprozess auszuschaltende Störfaktoren betrachtet.

Aufgrund der Niederlage im Ersten Weltkrieg breitete sich der kollektive Wahn aus, gerade die ‚wertvollsten Rassenelemente' seien an der Front gefallen, während die ‚Minderwertigen' zu Hause überlebt hätten. Diese Schädigung der Erbmasse des Volkes würde sich ungünstig auf die Auslese auswirken. Schule und Hochschule begannen nach dem Krieg mit „rassenhygienischem" Unterricht. Es wurde die Freigabe „lebensunwerten Lebens" gefordert. Es herrschte die Vorstellung, der Staat müsse bei der „natürlichen Zuchtwahl" tätig werden und es ging primär auf Frauenkörper.

Seit der Jahrhundertwende entwickelt sich die Lebensformbewegung unabhängig vom Staat. Aber es geht trotzdem mit Besessenheit darum, Schäden an Leib und Leben zu beheben = notwendige Gesundung der Gesellschaft, es geht um die Utopie einer ganzheitlich befreiten, reinen Körperlichkeit. Und die Utopie eines gesunden Körpers richtete sich dann gegen alles angeblich Kranke, Schwache, Unreine oder Minderwertige.

Gegen Ende des 19. Jahrhunderts sahen Hygieniker, Ärzte und Leibeserzieher besonders in Gymnastik, Turnen und Sport geeignet Instrumente, um der Gesellschaft ihre Frische zurückzugeben, die Nation zu stärken und die ‚Überbürdung' der Schüler durch geistige Arbeit auszugleichen.

Der Auftritt des Athleten
Coubertin: Im Unterschied zum Turnen favorisierte er als Heilmittel den auf Konkurrenz und Individualisierung angelegten Wettkampfsport. Er hielt die Wettkämpfe des Sports und die Konkurrenzen des modernen Wirtschaftslebens für strukturell homolog und psychologisch gleichwertig. Sportliche Wettkämpfe seien deshalb besonders geeignet, die männlichen Individuen auf die Kämpfe des modernen Lebens vorzubereiten, die individuellen Energien freizusetzen und der ermatteten Zivilisation eine neue „männliche Energie" einzuhauchen.

Coubertin hat die Olympischen Spiele (1896 fanden wieder die ersten Spiele statt, alle vier Jahre, mit Ausnahme der Kriegszeit) ins Leben gerufen. Max Weber spricht von den Olympischen Spielen als eine Wiederverzauberung der Moderne. Die Spiele vereinen romantische Sehnsüchte nach Einheit, Ganzheit und Sinn mit den modernen Utopien der schrankenlosen Perfektionierung des Körpers und der Konkurrenz.

Coubertin wollte mit den Spielen für die Verbesserung des körperlichen Zustands der Franzosen werben, später für eine internationale „Elite der Energie". Heute sind die Spiele Lieferant spektakulärer Bilder über-menschlicher Leistungsfähigkeit und sportiv gestylter Erotik.

Sport und die Wiederherstellung nationaler Identität
Das gesellschaftlich akzeptierte Idealbild des Körpers orientierte sich am Sport: Männer mit glatt rasierten, scharf geschnittenen Gesichtern und muskulösem Körperbau erschienen in der Werbung als ‚Erfolgsmodelle'. In trendigen Frauenzeitschriften wurde die sportlich trainierte „Neue Frau" mit Bubikopf und rasierten Beinen als Gegenbild zum traditionellen Muster der Frau als Mutter und Ehepartnerin in Szene gesetzt.

Schöner Schein der Vernichtung
Auf den Zug des Kults um den sportlich trainierten Männerkörper konnte auch der NS-Staat aufspringen. Die geometrisch geordneten Marschkörper zeigten höchste Selbstdisziplin und eine von außen auferlegte Gewalt gleichermaßen = Selbstdisziplin im übergeordneten Interesse = Körper der Unterordnung in strammer Aufrichtung = Körper einer vom Staat kontrollierten Selbstkontrolle.

Schau zur „entarteten Kunst", hier wurden sich auflösende Körper gezeigt, es ging um den Gegensatz zwischen ‚ganzem' und ‚zerstückeltem' Körper (Künstler der Moderne wie Freundlich, Dix, Nolde usw.) im Gegensatz dazu die Statue des Zehnkämpfers von Arno Becker (NS-Künstler), ein Zeichen stetiger Gesundung, denn im Kampf gegen alles Schwache und Hässliche waren sich Teile der Sportbewegung durchaus mit den Ideologen des NS einig.

Die Fitness des Selbstunternehmers
Seit etlichen Jahren macht sich nun ein neuer Körper- und Gesundheitskult bemerkbar. Viele der einst vom Staat wahrgenommenen Funktionen sind auf die Individuen verschoben worden. Gesellschaftliche Risiken wie Krankheit, Arbeitslosigkeit oder Armut werden zu Prob-

lemen der Selbstsorge ‚verantwortlicher' und ‚rationaler' Subjekte transformiert, die nun einen Großteil ihrer Aufmerksamkeit, Zeit und Kraft Fragen der gesunden Lebensführung und der Körperpflege widmen.

Das heißt, die Körper werden heute wie eh und je gesellschaftlich reguliert, aber die regulierenden Kräfte haben sich verändert. Die treibenden Kräfte der Gestaltung, Überwachung und Produktion gesellschaftlich anerkannter wie geduldeter Körper haben sich vom Staat zum Markt verschoben – mit weit reichenden Folgen für die Individuen, denen nun das Management für ihre Körper aufgebürdet wird.

Im Zentrum bio-politischer Praktiken steht die Stählung des individuellen *body*. In seiner Aufrüstung zeigt sich der Wunsch nach Selbstverbesserung. Die „neue Bürgerlichkeit" versucht sich über Formen, Etikette und Symbole nach unten abzugrenzen.

Längst bleiben diese Strategien der Selbstaffirmation nicht mehr nur auf die Verpackung und Oberflächen des Körpers beschränkt, sondern drängen unter die Haut. Dreh- und Angelpunkt der vielfältigen Selbstmodellierungtechniken, von der Ernährung bis zur plastischen Chirurgie, ist das Bild des sportlichen Körpers.

Wer seinen Körper nicht unter Kontrolle hat, scheint selber schuld und droht als faul, stillos, letztendlich überflüssig zu gelten. Der Körper wird zur authentischen Visitenkarte einer Zugehörigkeit zum Club der Leistungswilligen und Bessergestellten.

Sport, Fitness und Wellness sind Mittelschichtspraktiken. Rauchen, schlechte Ernährung, Fettleibigkeit sind Kennzeichen der unteren sozialen Milieus. Die sozialen Unterschiede nehmen in den Körpern Gestalt an.

Ein explosionsartig wachsender Markt mit einem breit gefächerten Angebot an Körperimages und Ratgebern reagiert auf steigende Nachfragen und trägt umgekehrt zu deren Produktion bei.

Der Körper ist zum wichtigsten Tei des Subjekts geworden, er ist die sichtbare soziale Form der Person.

Das Individuum kann sich aber auch hinter seiner Maskerade verstecken, um zu verhindern, dass die Grenzen zwischen privat und öffentlich ganz weg brechen.

Das neue Leitbild des geschmeidigen Selbst-Managers verlangt Experimentierfreudigkeit.

In der aufgezwungenen Suche nach biographischen Lösungen für gesellschaftlich erzeugte Probleme avancieren Elastizität, Mobilität, Kreativität und Fitness zu neuen ideologischen Leitwerten. Und weil sich Erwartungen ändern, darf man nie zur Ruhe kommen, i. d. R. ist das Erreichte noch zu verbessern.

Wir haben ein neues Herrschaftsprinzip, das der Überforderung. Wir müssen auf uns achten und uns nach Möglichkeit diesem neuen Herrschaftsmodell entziehen.

Laqueur Thomas (1996): Auf den Leib geschrieben. Die Inszenierung der Geschlechter von der Antike bis Freud. Frankfurt a. M.: Campus, S. 13-38 und 172-219

Ich habe alles gelesen und bin der Meinung, das brauchst Du nicht, zu historisch, zu theoretisch, diese Seiten können wir uns sparen.

Lorenz Maren (2000b): Leibhaftige Vergangenheit. Einführung in die Körpergeschichte. Tübingen: edition diskord, S. 71-81

3.2 Konstruktivismus

3.2.1 Der Feminismus
Die Infragestellung biologischer Konstanten wurde ursprünglich von der feministischen Kritik an der Geschlechterdichotomie ausgelöst. Simone des Beauvoir hatte mit ihrer Zurückweisung des biologischen Determinismus und der Betonung des „Gemacht-Werdens" durch die Erziehung, die *sex* (biologisches Geschlecht)/*gender-* (soziales Geschlecht) Debatte losgetreten.

Seit den 1970er Jahren steht die Erforschung des Geschlechterverhältnisses im Zentrum des Erkenntnisinteresses auch der feministischen Geschichtswissenschaft.

(Historische Entwicklung übersprungen!)
Die Gebärfähigkeit galt als entscheidende Differenz zum männlichen Körper; und noch bis in die 80er Jahre wurden einer daraus abgeleiteten Mütterlichkeit als moralische Überlegenheit gegenüber dem aggressiven männlichen Geschlecht gehuldigt.

Verena, den Aufsatz mache ich auch nicht weiter, habe ihn gelesen, es geht auch nur um die Geschichte des Körpers und der weibliche Körper schneidet schlecht ab, weil ja überwiegend von Männern erforscht.

Duden Barbara (2008): Frauen-„Körper": Erfahrung und Diskurs. In: Becker, Ruth/Kortendiek, Beate (Hg.): Handbuch Frauen- und Geschlechterforschung. Wiesbaden: VS, S. 593-607

Erfahrungen und Diskurs (1970 – 2004)

Körper, Körperlichkeit, Somatik
Das Wort „Körper" ist janusköpfig: mal benennt es ein definierbares Objekt und die entsprechende sozial erwünschte Vorstellung (Perzeption) und mal die Selbstwahrnehmung (Autozeption). Wer „Körper" sagt, spricht auch von *soma*, von Fleisch und Blut, von den Eingeweiden und vom Herzen als Erlebnisecho und in diesem Sinne deutet „Körper" auf das Innigste und Persönlichste hin, das konkrete Anwesendsein.

Dieser mehrsinnige Bedeutungshof des Wortes zwischen Erlebnisecho und Sozialkategorie machte „Körper" zu einem Schlüsselbegriff der Frauenbewegung.

<u>Ausgangspunkt: Die feministische Kritik der Biologie nach 1970</u>
Drei Konfliktlinien feministischer Kritik lassen sich ausmachen:
1. die frauen-politische Kritik an der „Biologisierung" der Frau,
2. die Rückeroberung des weiblichen Körpers,
3. die Untersuchung der Geschichte der Körperpolitik des 19. und 20. Jahrhunderts, um die Funktionsweise des Zusammenspiels von Staat, Bürokratie, Ärzteschaft, Naturwissenschaft und Mutterschaft aufzuhellen.

<u>Anatomie ist kein Schicksal</u>
Feministinnen der ersten Generation begannen in den 1970er Jahren, die ihnen aufgehalste Ideologie der biologischen und deshalb sozial prädeterminierenden Frauen-Natur abzustreifen. Die Eigenarten, die Frauen und Männer leibhaftig unterscheiden, seien sozial irrelevant, nicht mehr als der „kleine Unterschied" zwischen den Beinen und unter der Bluse.

Damit wurde vom Frauenkörper das „anatomische Geschlecht" abgetrennt, das in den 1980er Jahren „sex" getauft und den sozialen Geschlechtsordnungen gegenübergestellt wurde. Dieser Gegensatz von „sex" einerseits und „sozialem Geschlecht" andererseits wurde selbstverständlich und ging in die Wahrnehmung von Frauen ein.

Die Frauenforscherinnen verschoben die Grenze zwischen Natur und Kultur: sie machten einerseits die soziale Natur der polarisierenden Zuweisungen sichtbar. Zugleich bekräftigten sie aber „biologische" definierte Merkmale an einem Geschlechtskörper – z. B. die Hormone, die Menstruation, den Eisprung – als „sex", als universal gültige Tatsache.

Mitte der 1980er Jahre hatten Feministinnen die Ideologie erschüttert, dass körperliche Eigenarten der Frauen unvermeidlich die Hierarchie zwischen Frauen und Männern begründen, sie hatte aber zugleich die um 1800 entstandene, epochenspezifische, nämlich medizinwissenschaftliche Definition des Frauenkörpers in der Kategorie „sex" zur „Natur" erhoben.
(eigene Zusammenfassung: also der ‚natürliche' Unterschied bezüglich der Äußerlichkeiten der männlichen und weiblichen Körper sind Fakt, nur die daraus entstehenden Zuweisungen im sozialen Bereich (z.B. Mütterlichkeit oder die schwache Frau und der starke Mann) insbesondere die Macht- und Ungleichheitsverhältnisse sind falsch und müssen aufgedeckt und kritisiert werden)

<u>„Mein Bauch gehrt mir"</u> – der Frauenkörper als Besitz
Fast alle Forderungen der Frauenbewegung konzentrierten sich auf Körperliches: das Recht abzutreiben, den Zugang zu Empfängnisverhütung, Informationen über die Pille und all das wurde im Namen der „Selbstbestimmung" im „Umgang mit dem eigenen Körper" eingeklagt.

Kaum ein Buch hat dabei so erfahrungsprägend gewirkt wie „Our Bodies – Ourselves" – „Unser Körper – Unser Leben" vom Boston Health Collective (1980). Durch die geschilderten Erfahrungen sollten Frauen gestärkt und ermutigt werden, den Ärzten selbstbewusst gegenüber zu treten. Die Autorinnen verknüpften die beißende Kritik am „patriarchalen Medizinsystem" und an der „Medikalisierung des Frauenkörpers" mit der Aufforderung, sich selbst durch die Aneignung des Körpers zu befreien.

21

Unter dem Druck der Frauenbewegung wurde aus dem autorativ befehlenden „Halbgott in Weiß" nach und nach der Berater, der die Informationen über die technisch möglichen Optionen bereit und die „Entscheidung" über die Behandlung der Patientin anheim stellt (wichtiger Meilensteil war die Pille, ein chemisches Kommando, das es erlaubte, im Körper eine Funktion zeitweise und nach Belieben abzustellen, auch Beipackzettel aufgrund politischen Druck der Frauen-Gesundheitsbewegung).

Rückblickend war epochentypisch die Leistung, Millionen von Frauen dabei zu helfen, sich im Namen ihrer Selbstbestimmung und persönlichen Befreiung einen sexuierten Gattungskörper durch Selbstbeobachtung persönlich anzueignen und zu verinnerlichen.

Frauenkörper, Volkskörper, Gattungskörper
Auch die Historikerinnen nahmen den „Frauen-Körper" ins Visier. **Die Forscher beobachteten und entdeckten im Körper die „Natur", die sie als soziale Klassifikation im Kopf mitgebracht hatten und die sie als Wesensbestimmung, eben als „Natur", in die Gesellschaft zurück gaben.**

So begann mit dem ausgehenden 18. Jahrhundert die unablässige Beschreibung und fürsorglich disziplinierende Behandlung des Frauenkörpers durch die biologischen Wissenschaften. Erst die Moralphysiologie, dann die Medizin und schließlich die Gynäkologie entwarfen an ihrem Körper eine „Sonderanthropologie des Weibes", die die „Polarisierung" der Geschlechtscharaktere in allen Fasern des Körpers suchte und fand.

Studien zur Körpergeschichte: die Mutterschaftspropaganda zur Zeit des Ersten Weltkriegs betonte die Leistungssteigerung der Geburten als nationale Pflicht (Davin 1978); die Zulassung der Empfängnisverhütung sollte letztendlich einem rationellerem Einsatz der weiblichen „Reproduktionsleistung" für den Nationalkörper dienen (Bergmann 1992); die Hygienebewegung in den 1920er Jahren suchte Arbeiterinnen zu einem körperlich „vernünftigen" Einsatz ihrer Kräfte zu bewegen (Usborne 1994); die Sexualreform der Weimarer Republik verknüpfte Aufklärung mit normalisierendem Wissen (Grossmann 1995); die Kriminalisierung der Abtreibung in den 1920er Jahren diente der Zerstörung nachbarschaftlicher gegenseitiger Hilfe zwischen Frauen (Usborne 1996). Die Analyse der Zwangs-Sterilisierungen der NS demonstrierte den intrinischen Zusammenhang zwischen Rassen-, Frauen- und Körperpolitik (Bock 1986). Auch in der Nachkriegszeit bauten die politischen Systeme ihre Geschlechterpolitik auf systemkonforme Frauen-„Körper" auf (Budde 2000).

In zwei Dekaden Frauenbewegung war das Konzept Frauen-„Körper" in Bewegung geraten und zwar in widersprüchlicher Weise: die Frauenbewegung distanzierte sich von sentimentalen Konzepten verkörperter Weiblichkeit und machte sich im Gestus der kritischen Abwendung von der Medizin einen medikalisierten Frauenkörper zu eigen. Die üppig ideologische Überfrachtung der weiblichen „Biologie", wie sie im Weiblichkeitswahn der Nachkriegszeit noch einmal propagiert worden war, konnte als nur eine verstaubte Variante biologistischen Denkens erkannt werden.

Diachrone Geschichten 1: Zum Körper als „zweite Natur"

Die Körpergeschichte der letzten Jahrzehnte wäre nicht hinreichend beschrieben, würde nicht danach gefragt, wie Frauen ihren „Umgang" mit dem in Besitz genommenen Körper gestalten, wie in alltäglichen Routinen Modi der Wahrnehmung zur „zweiten Natur" wurden.

In den 1980er Jahren drängten Forscherinnen darauf, die Zurichtung des weiblichen Körpers in den „Körper" der gesellschaftlich erwünschten Weiblichkeit unter die Lupe zu nehmen.
Susan Bordo (1989, 1993): konzentrierte sich auf den gefügigen, gelehrsamen Frauenkörper, den sie in den anorektischen und bulimischen Jugendlichen verkörpert sah. Sie verweigern das Frausein.
Bordos damalige Beobachtungen gelten mit Einschränkungen nach wie vor, obwohl im Zuge des wissenschaftlichen Körperbooms Studien zum Schönheitswahn, zur Zunahme kosmetischer Operationen (Davis 1995), zur grassierenden Magersucht (Bordo 1993), zur Bedeutung von Fashions, Kosmetik und Tanz (Klein, Zipprich, Villa) herauskamen.

Aus der Fülle von Themen, soll nun die symbolische Wirkung klinischer Testverfahren diskutiert werden, weil sich an der Patientin die Umstülpung des Wollens und Handelns in dreißig Jahren plausibel machen lässt.
Schwangerenvorsorge: Geburt und Schwangerschaft wurden erst relativ spät, nämlich in den 1950er, bzw. 1970er Jahren, in der Tiefe medikalisiert. Ursprünglich galt Schwangergehen als Angelegenheit von Frauen und nicht Sache der Medizin. Erst als die Bevormundung umschlug in ein Angebot änderte sich die Haltung der Frauen.

Die Schwangerschaft, aber auch das Älterwerden, das Gebären, die Sorge um einen Knoten in der Brust oder die Gesundheit des kommenden Kindes gerieten unter das Diktat der Risikosteuerung.

Ungewohnte Konzepte begannen nach und nach alle körperbezogenen Zustände im Frauenleben neu auszurichten: Verhütung, Verdacht, Prävention, Früh-Erkennung, Normalfall, Beratung, Eingriff, „Screening", Kontrolle, ‚management', ‚informierte Entscheidung'. In diesem Kontext: das selbstverantwortliche Risiko-Management, zu dem die Patientinnen angehalten wurden, das sie aber auch bald für unvermeidlich halten mussten. Aus einem medizinischen Angebot wurde eine obligatorische Kontrolle, aus einer gelegentlich ärztlich indizierten Diagnose wurde die selbstverständliche Teilnahme an der Fahndung nach Auffälligkeiten in einer weiblichen Population.

Der Umbruch von einer nachsorgenden, einen pathologischen Befund therapierenden Medizin zur Medizin als Beratungsinstanz im Dienst einer ökonomisch-effizienteren Gesundheitsverwaltung von Bevölkerungsgruppen brauchte einen anderen „Körper" und ein anderes Bewusstsein der Klientin.

Die Klientin muss aus einem wachsenden Dienstleistungsangebot auswählen und vieles ist inzwischen selbstverständlich geworden und auch die Nicht-Inanspruchnahme ist eine Option die bei künftigem Schaden den Betroffenen vorgehalten werden kann.

Die eigenverantwortliche Optimierung und die Aufforderung zur „selbstbestimmten Entscheidung" sind Kopfgeburten und die Medizin betont die Autonomie und Freiheit der Klientin.

Diachrone Geschichte 2: Vom entitativen Körper der Anatomie zum System
Die „Körper", die den „Stoff" der Selbst-Wahrnehmung zwischen 1970 und 2000 bilden, sind
heterogen: der ältere, entiative Körper der klassischen Medizin wurde durch hierarchische
Kontrollinstanzen, Über- und Unterordnung, klare Ursachen-Folge-Ketten bestimmt; die Definition dieses Modells des „Körpers" durch die Experten ließ noch einen Spielraum für einen
Rest von eigenwilliger Wahrnehmung durch die „Frau im Körper". Die eigenmächtige
Selbstdeutung konnte neben dem Expertenspruch prekär existieren. Für das neue Modell soll
der Mensch nichts anderes mehr sein als eine Funktion, die digital wie ein Computer dar- und
vorgestellt wird. Die Menschen, die ihre „moods" chemisch stimulieren um sich jeweils opti-
mal einzustellen, handeln buchstäblich in diesem Bild, sie verbessern sich „selbst" wie eine
Software.

Wir stehen nicht vor dem Ende des Körpers, sondern vor dem Untergang des einen und am
Beginn der Durchsetzung eines neuen, postmodernen Modells.

Von Seite 599 bis 603 habe ich keine Zusammenfassung geschafft, ich habe einfach nichts
mehr verstanden.

Die damaligen Forderungen von Frauen sind heute aber Forderungen an Frauen, sich selbst-
bestimmt zu entmündigen und zu entkörpern, und sie sind zentral für ein Regime der „Selbst-
führung als Fremdführung", das „Körper" braucht, mit Leib und Seele.
(Also: was die Frauenbewegung wollte, hat sich ins Gegenteil verkehrt, es können die Frauen
nichts mehr fordern, sondern die Frauen werden gefordert und die vermeintlich eigene Entscheidung ist eine Machtausübung von außen – nur gut getarnt!!!)

Anregung bzw. Forschungswünsche von Barbara Duden:
„Körper" als Kategorie hatten Konjunktur in den Geschlechterstudien: In den 1970er Jahren
ging es um die Kritik und die Aneignung des entitativen Körpers, in den 1990er Jahren war
der Streit um die dekonstruktive Auflösung des Restes eines somatischen Referenten der trei-
bende Impuls, heute beklagen Wissenschaftlerinnen den Verlust an „Lebendigkeit" und die
Gleichgerichtetheit der feministischen Analysen mit der rezenten technischen Verfügung über
„Körper" und der Selbstformung von Frauen auf dem Markt der Körperindustrie.

Kann noch ein Rest von „Unverfügbarem" gerettet werden?
Wird das Gespür für den Unterschied von „Körper" und „Leib" noch gewusst?

Um an die technogene und gesamtgesellschaftliche Entkörperung heranzukommen, müsst
zunächst das Wort „Körper" als eine Kategorie der Untersuchung gestrichen werden. Das
Wort ist ein Objekt der Medizin.

Die „reflexive", auf sich verweisende somatische „deixis", die bei jeder Rede eines „ich" mit-
schwingt und die Schizi-Aisthesis, die Brüche in der Selbstwahrnehmung, die typisch für unsere Zeit sind, müssten das Thema künftiger Studien sein.

<u>**Villa Paula-Irene (2009): Feministische- und Geschlechtertheorien.**</u> **In: Kneer, Georg/Schroer, Markus (Hg.): Handbuch Soziologische Theorien. Wiesbaden: VS, S. 111-132**

<u>Komplexe Verortungen</u>
Das Feld der feministischen bzw. Geschlechter-Theorien ist eine in sich heterogene und multiperspektivische Konstellation. Die feministischen bzw. Geschlechter-Theorien sind außerdem interdisziplinär (Literatur- und Kulturwissenschaft, Psychoanalyse, Geschichts- und Naturwissenschaft, Pädagogik, Philosophie. Mindestens. Umgekehrt wirken sie auf andere Theorien /eben auch soziologische) zurück. So hat etwa die Ungleichheitsforschung eine wichtige Veränderung erfahren, da sich geschlechtliche Ungleichheiten nicht ohne weiteres auf die bisherigen Nenner wie Schicht, Klasse oder Milieu bringen lassen. Auch die Theorien von Bourdieu werden erweitert und differenziert, so z. B., dass auf die Gleichzeitigkeit von „Geschlechtsklassen" und „Klassengeschlechtern" hingewiesen wurde.

Es lässt sich zunächst festhalten, dass Geschlechtertheorien bestimmt werden von dem, *worauf* sie schauen. *Wie* nun Geschlechtertheorien im Einzelnen schauen, ist eine weitere Frage und bestimmt selbstverständlich das ‚was' mit. Auch über das ‚wozu' wird diskutiert.

So charakterisieren sich dezidiert feministische Theorien durch eine normative Haltung, der es um die Überwindung geschlechtlicher Ungleichheit zu tun ist.

<u>Was – und Wie? Womit beschäftigen sich feministische Theorien?</u>
Aus der Zweiten Frauenbewegung heraus gerieten die vermeintlich natürliche Geschlechterdifferenz sowie, vor allem, ihre sozialen Folgen in den Blick. **Es ging und geht noch, politisch wie theoretisch, um das *soziale* Gewordensein von Geschlecht (ganz im Sinne des berühmten Mottos von Beauvoir: „Man wird nicht als Frau geboren, man wird dazu gemacht"), und um die *sozial* gemachten Strukturen systematischer Positionierungen, Diskriminierungen und Exklusionen auf der Basis von Geschlecht.**

Es geht auch und zunehmend hauptsächlich darum, was die Geschlechterdifferenz selbst ist. Diese kann inzwischen nicht mehr als natürliche Tatsache vorausgesetzt werden. Die Unterscheidung zwischen Männern und Frauen ist also selbst zum Theoretikum geworden.

Was zunächst dezidiert feministische Theorien von Geschlechtertheorien unterscheidet: „das wissenschaftlich-politische Interesse an der Verfasstheit von Geschlechterverhältnissen und die Kritik an allen Formen von Macht und Herrschaft, die Frauen diskriminieren oder deklassieren, das bildet das Kernstück feministischer Theorien.

<u>Wer weiß was? Feministische Epistemologie (Lehre vom Wissen)</u>
Im feministischen Theoriekontext wird das vermeintlich Selbstverständliche hinterfragt. Georg Simmel hat als Klassiker des Faches viel zu Geschlecht gearbeitet und er hat darauf hingewiesen, dass die „objektive Kultur" tatsächlich eine „männliche" ist und dass die Gleichsetzung von Objektivität bzw. Allgemeinheit einerseits mit Männlichkeit andererseits ebenso Ausdruck sozialer Machtverhältnisse sei: „Dass das männliche Geschlecht nicht einfach dem weiblichen relativ überlegen ist, sondern zum Allgemein-Menschlichen wird, dies

25

wird, in mannigfaltigen Vermittlungen, von der *Machtstellung* der Männer getragen" (Simmel 1985).

In vielen Studien, die in diesem Lichte arbeiten wird klar: Erkenntnis ist systematisch eng verwoben mit der sozialen Verortung derjenigen, die wissenschaftliche Erkenntnis produzieren.

Beispiel: passiv, schön, begehrenswert, rätselhaft, friedlich, fürsorglich usw. ist weiblich kodiert und (komplementär dazu) aktiv, aggressiv, ehrgeizig, eroberungslustig, vorhersehbar usw. ist männlich kodiert. Diese Kodierungen finden sich z. B. in den Metaphern, Darstellungen, Beschreibungen der Naturwissenschaften wie der Biologie wieder (zumindest bis zum Zweiten Weltkrieg = Zellkern männlich und Cytoplasma weiblich = semantische Vergeschlechtlichung).

Zuerst wird von den feministischen Theoretikerinnen der Begriff „Objektivität" kritisch hinterfragt und dekonstruiert und in einem nächsten Schritt die Frage gestellt, wie man mit dem Begriff besser umgehen könnte.

Kann es überhaupt *einen* oder *den* feministischen Standpunkt geben, wenn die gesellschaftliche Erfahrung von Frauen je nach Rasse, Klasse und Kultur verschieden sich darstellt?

Hiermit ist ein Kernproblem feministischer bzw. geschlechterbezogener Theorien angesprochen: gibt es so etwas wie ‚die Frauen', gibt es ein ‚weibliches Arbeitsvermögen', gibt es einen weiblichen Habitus? Kurz: ist die Kategorie ‚Frau' oder ‚Geschlecht' ein tragfähiger theoretischer Begriff für die Soziologie?

Im Sinne einer naiven Annahme wird dies inzwischen durchgängig verneint. Zugleich ist unstreitbar, dass der ‚kleine Unterschied' einen sozial großen macht. Insofern wäre es sträflich, vom Geschlecht abzusehen, denn nach wie vor „stellt die Hartnäckigkeit geschlechtlicher Differenzierung ein zentrales Erklärungsproblem dar". **Die Spannung zwischen dem Wissen um die Uneigentlichkeit des Geschlechts *und* der Anerkennung seiner dennoch sozialen Wirkmächtigkeit treibt feministische Theorien in all ihren Facetten um.**

Feministische Theorien rücken vermeintliche Nebensächlichkeiten, Natürlichkeiten und angebliche Anachronismen in den Mittelpunkt des theoretischen Interesses und zeigen damit, dass die soziale Welt noch komplexer und ungleichzeitiger ist als so manche Sozialtheorien meinen.

Im Nachfolgenden werden anhand zentraler Themen verschiedene Geschlechtertheorien skizziert, inklusive ihrer feministischen Varianten.

I. Konstitution

Mit Nichtigkeiten ist wohl Staat zu machen – zur Theoretisierung von Geschlechter-Verhältnissen

„Geschlechterverhältnis" wird definiert als „Ensemble von Arrangements, in denen Frauen und Männer durch Formen der Arbeitsteilung, soziale Abhängigkeitsverhältnisse und Austauschprozesse aufeinander bezogen sind. In diesem Insgesamt wird ihnen durch Abgleichung ihrer soziokulturellen Wertschätzung gesellschaftlicher Status und soziales Ansehen zugewiesen" (Becker-Schmidt 2004).

In diesem Theoriehorizont – der immer auf das „Insgesamt" der Gesellschaft, auf ihre Totalität (Adorno) zielt – spielt die Auseinandersetzung mit Arbeit als zentraler Modus der Verteilung von Anerkennung sowie von Ressourcen eine prominente Rolle: gesellschaftliche Arbeitsteilung ist vergeschlechtlicht und die „Quelle von Ungleichheit" par excellance.

Feministische Autoren haben auf die falsche Verengung des Begriffes Produktion und Arbeit, der sich nur auf marktförmige Berufsarbeit bezieht, hingewiesen.
Zweite Frauenbewegung: Forderung nach Anerkennung und Aufwertung der vermeintlich privaten und natürlichen ‚Liebesdienste' = Fürsorge, Hausarbeit usw.: ohne die unentgeltliche Reproduktion von Arbeitskraft kann die kapitalistische Wirtschaftsweise nicht existieren, sie profitiert also systematisch von unbezahlter Arbeit. Diese unbezahlte Arbeit ist nicht natürlich sondern ein spezifisch bürgerlicher Entwurf in der europäischen Moderne. Die Mehrheit der europäischen Frauen hat von den zweifelhaften Segnungen der „Hausfrauisierung" nicht profitiert, im Gegenteil: durch den Verlust des „gesellschaftlichen Charakters" der Hausarbeit ist diese unfrei, unbezahlt und unsichtbar. Durch die ebenfalls bürgerlich-moderne Naturalisierung der polarisierten „Geschlechtscharaktere", die seit dem späten 18. Jahrhundert durch Natur- und Geisteswissenschaften sekundiertes Alltagswissen wird, wird dieser Zustand noch als Eigentlichkeit ontologisiert, auf dass letztlich alle Frauen als für Hausarbeit und Mutterschaft bestimmt imaginiert werden.

So spricht Becker-Schmidt von der „doppelten Vergesellschaftung" von Frauen und zielt damit auf die identitätslogischen und sozialisatorischen Folgen gesellschaftlicher Strukturen: In der bürgerlichen Moderne werden Frauen doppelt – und widersprüchlich – in eben widersprüchlichen Strukturen vergesellschaftet, nämlich als zukünftige Hausfrauen und Mütter, die zuständig sein sollen für das Private einerseits und als zukünftige Erwerbstätige, die den Logiken des Arbeitsmarktes entsprechen sollen. In der Praxis hat dies geschlechtsspezifische Folgen: Die Doppelorientierung von Frauen verläuft hochgradig konflikthaft und überwiegend individualisiert, d. h. als gesellschaftliches Problem unsichtbar, die Rede von der (individuell zu lösenden) Vereinbarkeit zwischen Reproduktionsaufgaben und Produktionserfordernissen ist eine „Verharmlosung *struktureller* Widersprüchlichkeiten".

Diese Problematik wurde lange als nicht theoriefähige ‚Unerheblichkeit' in der Soziologie behandelt.

Durch die Feministische bzw. geschlechtersoziologische Theoretisierung solcher strukturell angelegten und strukturell folgenreichen Nichtigkeiten geraten manche Kernbegriffe soziologischer Theoriebildung ins Wanken. ;Mit der Auseinandersetzung von klar geschiedenen gesellschaftlichen Sphären – öffentlich vs. privat – mitsamt dem Rattenschwanz an entsprechend kodierten Dualismen – etwa familiär, fürsorglich, apolitisch, natürlich und letztendlich weiblich einerseits sowie wettbewerbsorientiert, politisch, sozial gestaltet und letztendlich männlich andererseits – kam z. B. Habermas Gesellschaftstheorie unter starke Kritik (sie wer geschlechtsblind).

Die Forderung an die Soziologie, das „Private neu zu denken" steht also weiterhin im Raum.

II. De/Konstruktion

Wie wird Geschlecht gemacht?

Die Konstruiertheit des Geschlechts, auch dessen Dekonstruktion ist unbestreitbar die derzeit lauteste Stimme von allen im feministischen Theoriechor.

Es wird auf Spielarten des Konstruktivismus zurückgegriffen. Alle feministischen bzw. geschlechtertheoretischen Konstruktivismen basieren auf der bereits von de Beauvoir formulierte Position, dass Frauen – und Männer – ‚geworden' sind. Alle Kontruktivismen teilen die Ablehnung einer natürlich gegebenen, prä- oder außersozialen Fundierung von Geschlecht, bemühen sich also alle darum, „den Sinn der Biologie als Schicksal, Biologie als Zwang zu überwinden" (Butler 1995).

Denn: Abwertungen, Diskriminierungen und Exklusionen von Frauen sind auf der Grundlage naturalisierender Argumentation erfolgt. Die ‚Natur der Frau' war nicht nur die wichtigste Legitimation für Ausschlüsse und Abwertungen – etwa im 19. Jahrhundert in Bezug auf Bildung und Erwerbstätigkeit – sie ist es alltagsweltlich nach wie vor, wenngleich in subtiler Art und Weise.

Auf der Baustelle des feministischen bzw. geschlechtertheoretischen Konstruktivismus werden mannigfaltige Werkzeuge eingesetzt: Phänomenologie, Wissenssoziologie, Ethnomethodologie, Diskurstheorie, Systemtheorie. Die leitende Frage ist dabei im Allgemeinen, *„wie* **soziale Ordnung als kollektiv produzierte zustande kommt und den Menschen dabei als objektiv erfahrenen Ordnung entgegen tritt", und im Besonderen, wie Menschen sich wechselseitig und in zeithistorisch je spezifischen Konstellationen zu Männern und Frauen machen und welche systematischen Folgen auf allen sozialen Ebenen dies hat.** Also frei nach Marx: Menschen machen ihr Geschlecht selber, nur nicht aus freien Stücken.

Die **Gleichzeitigkeit** von subjektiver Konstruktion einerseits und verobjektivierter Ordnungen andererseits ist ein Kerngedanke geschlechtertheoretischer Konstruktivismen.

Allen handlungstheoretischen Zugängen in der Geschlechtersoziologie geht es darum, wie Geschlechtlichkeit bzw. Geschlecht konstruiert wird. Es geht um das „doing gender" (West/Zimmermann 1987). In diesem Horizont ist Geschlecht nicht mehr eine Eigenschaft von Personen, sondern eine interaktive und institutionell gerahmte Praxis. Geschlechtlichkeit ist selber interaktiver Vollzug, d. h. eine „praxeologische" Wirklichkeit. „Gesellschaft und Geschichte" sind demnach konstitutiv für die vermeintlich natürliche Geschlechterdifferenz.

Hiervon ausgehend orientieren sich sozialkonstruktivistische Zugänge zu Geschlecht vor allem an die von Garfinkel begründete und dann von Kessler/McKenna weiterentwickelte Ethnomethodologie, an die Wissenssoziologie im Anschluss an Schütz und Berger-Luckmann sowie an die dramatologische Perspektive von Goffman.

Die sozialkonstruktivistische Entnaturalisierung des Geschlechts zugunsten seiner sozialen Herstellungsmechanismen führt zu einer Deontologisierung des Geschlechts selbst.

Die ‚eigentliche' Wahrheit einer Sache, sei sie ein Gegenstand, ein Begriff oder ein empirisches Phänomen lässt sich nicht finden. Es gibt sie schlicht nicht. Vielmehr müssen, dies betont Butler in ihren geschlechtertheoretischen Arbeiten, Begriffe gewissermaßen immer scheitern: Mit Scheitern ist hier die Unmöglichkeit benannt, einen Begriff (Signifikant) wie Frau oder Mann mit einer Bedeutung (Signifikat) abschließend zur Deckung zu bringen. Kein Begriff entkommt dem endlosen Sprachspiel der referentiellen Verweisungen und somit ist die etzung – Frau ist dies oder jenes – ein letztendlich herrschaftsförmiger Akt. Und einer, der zwangsläufig scheitern muss. Dies ist der gleichermaßen politische wie theoretische Ausgangspunkt der Arbeiten Butlers: Die zunächst durch lesbische und ‚woman of color' angestoßene Infragestellung der Kategorie ‚Frau' als Leitkategorie des Feminismus saowei als empirisch tragfähiger Begriff wird bei Butler zum Theoretikum: Sie entwickelt ihre Theorie aus der Reflexion heraus, dass „sich die ‚Geschlechtsidentität' nicht aus den politischen und kulturellen Vernetzungen herauslösen lässt, in denen sie ständig hervorgebracht und aufrechterhalten wird" (Butler 1991). Daraus folgt für Butler eine radikale Subjektkritik im Sinne einer Dekonstruktion und Dezentrierung, die die diskurstheoretischen Überlegungen von Foucault, die Subjektkritik von Althusser sowie die Dekonstruktion im Sinne Derridas aufgreift und weiterführt.

Butler will untersuchen, wie „bestimmte _kulturelle_ Konfigurationen der Geschechtsidentität die Stelle des Wirklichen eingenommen haben und durch diese geglückte _Selbst-Naturalisierung_ ihre Hegemonie festigen und aufrechterhalten". _Diskurs_ ist der Ort und Modus, an und durch den sich die Geschlechterdifferenz überhaupt konstituiert. Diskurs ist bei Butler „produktiv" insofern Sprache immer zwischen den Erfahrungen der Menschen und der sie umgebenden Welt steht. Der Bezug auf die Welt ist eine konfigurative, performative, eine wirklichkeitserzeugende Praxis. Für Butler ist diese Praxis zudem immer eine Form von Macht bzw. Herrschaft: Diskursive Konfigurationen von Wirklichkeit sind notwendigerweise repressiv, den alternative Bedeutungen werden unsichtbar gemacht, verworfen, vom Bereich der Intelligibilität ausgeschlossen.

Diese wirklichkeitserzeugende Wirkung von Diskursen stellt sich lt. Butler durch sprachliche Performativität her = eine „ständig wiederholende und zitierende Praxis". Jedes Wort, jeder Begriff, jedes Konzept ist ein Zitat; allerdings sind Zitate bei Butler niemals „einfach Ausfertigungen desselben Sinns". Es kann nicht alles überall von allen gleichermaßen gesagt werden. Und so ist die kategoriale Bezugnahme auf ‚Frau' oder ‚Geschlecht' immer eingebunden in konventionelle und z. T. ritualisierte Strukturen, von denen nie abgesehen werden kann – die aber gleichzeitig nicht immer und schon gar nicht vollständig gewusst werden müssen oder gar können.

Somit hat die feministische Theorie ein Problem: Die Kategorie Geschlecht (oder Frau oder Mann) wird so nicht akzeptiert, aber die feministische Theorie wird doch zugleich gezwungen, damit umzugehen. Auch wenn also Geschlecht theoretisch nicht ‚sein' kann, kann darauf aufgrund der empirischen Wirklichkeit – in der Geschlecht tatsächlich _ist_ – nicht verzichtet werden. Die Aufgabe muss demnach darin bestehen, eine kritischen Analyse der Geschlechterontologie zu betreiben. Eine, die den performativen Charakter des Geschlechts analysiert und darauf abzielt, die Naturalisierungsstrategien sichtbar zu machen. **Damit wir feministische (Diskurs-)Theorie zu einer Perspektive, die um die Gleichzeitigkeit von ontologischer Uneigentlichkeit und sozialer Wirkmächtigkeit nicht nur weiß, sondern diese zum Fokus theoretischer Bemühungen macht.**

Die „angeblich natürlichen Sachverhalte des Geschlechts" müssen als angebliche entlarvt werden, indem ihre Konstitution qua Diskurse sichtbar gemacht wird. Besonders wesentlich scheint Butler hierfür die – ideologische – Annahme einer Kohärenz (Zusammenhang) und Kausalität zwischen sex als biologischem/anatomischem Geschlecht, gender als sozialem/kulturellem Geschlecht und der individuellen Geschlechtsidentität. Intelligible, sozialer anerkennungswürdige Geschlechtsidentitäten, so Butler, sind solche, bei denen sex, gender und Identität in scheinbar kohärenter Weise aufeinander bezogen sind, in denen sich also Begehren, Körper und Anatomie gewissermaßen folgerichtig auseinander ergeben und aufeinander beziehen (Butler, 1991). Eine diskurstheoretische Perspektive macht sichtbar, dass diese Kohärenz nur unter viel Mühe praxeologisch gelingt, beständig performativ erzeugt werden muss und zudem dem Gesetz der Heteronormativität folgt. Anders gesagt: Keines der drei Elemente dieser diskursiven Konstitution von Geschlecht ist ‚gegeben' oder ‚eigentlich'. Körper müssen beständig daraufhin bearbeitet werden um den Normen der Zweigeschlechtlichkeit zu genügen; gegengeschlechtliche Begehren werden beständig durch homoerotische und andere verworfene Wünsche durchkreuzt; die individuelle Geschlechtsidentität ist andauernden Infragestellungen und Anfechtungen ausgesetzt.

Fakt ist: So wie Geschlecht hier und heute *ist* – als natürlich fundierte, auch in der Theorie weithin angenommene Differenz – ist es nur scheinbar und mit Hilfe von viel Arbeit.

Kritik an Butler: Die Eigenlogik des Leibes sowie sein Eigensinn (Lindemann 1994) haben in Butlers Auseinandersetzungen mit dem Körper keinen Platz. Vollends unthematisiert bleibt schließlich die Theoretisierung der Verschränkung von Geschlecht mit weiteren wirkmächtigen Differenzen und Strukturen wie z. B. Ungleichheitslagen.

Ist Frau gleich Frau? Dezentrierungen und Subjektivierungen

Frage: Wie macht die Gesellschaft aus Menschen Männer und Frauen? Wie machen sich diese selber zu Frauen und Männern?
Antwort: In komplexen Prozessen der aktiven Aneignung von Gesellschaft entwickeln einzelne Individuen ihre Geschlechtsidentität gemäß gesellschaftlichen Imperativen: „Sozialisation ist ein Prozess der Individuierung durch Vergesellschaftung und der Vergesellschaftung durch Individuierung (die alte Habermas'sche Formen) in einer Gesellschaft, die nach Geschlecht und anderen Differenzen strukturiert ist; insofern ist Sozialisation auch immer Vergeschlechtlichung". Die Prozesse der Sozialisation kommen nie zum Stehen. Es wurde betont, dass nur klar nach Geschlechtsrollen differierende Sozialisation funktional für Individuum und Gesellschaft ist. Aufgrund historisch gewordener differenten Lebenslagen für Männer und Frauen, die sich vor allem hinsichtlich verobjektivierter Arbeits- und Tätigkeitsstrukturen unterscheiden, differieren auch die „sozialen Inhalte" dessen, was ‚Mann' und ‚Frau' sind.

Bereits in den 1980er Jahren wurde auf Defizite im Sozialisationsparadigma aufmerksam gemacht. Diese liegen in der Gleichsetzung von Verhältnissen und Identitäten, und weiterhin wird z. B. Klasse/Ungleichheit, Ethnizität, Alter. Sexualität usw. nicht berücksichtigt.

Wenn „Menschen nicht nur Frauen oder Männer, sondern gleichzeitig Angehörige sozialer Schichten, ethnischer Gruppen, Regionen, Nationen usw. sind, das heißt das Geschlecht nur eine Differenzierungsdimension unter mehreren", dann sind all diese Dimensionen und Zugehörigkeiten auf der Identitätsebene immer zugleich relevant.

Subjekte sind in der poststrukturalistischen feministischen Theorie keine konkreten Personen, sondern Diskurspositionen, z. B. soziale Titel, die Anerkennung verleihen (‚Frau', ‚Vater', ‚Wissenschaftlerin' usw.) und die immer nur vorläufig von konkreten Personen in Prozessen der Anrufung/Umwendung angenommen werden können. Personen aber sind realiter immer mehr und damit anders als das, was diskursive Ordnungen ihnen in einer bestimmten Situation anbieten. Das „Scheitern" von Personen an ihrer Subjektwerdung eröffnet zumindest den Blick für den Normalfall der Un-Normierbarkeit konkreter Personen und zeigt, wie sehr wir zugleich ein Geschlecht sind und auch nicht.